SOLO POR AZAR

SOLO POR AZAR

Una historia real de coraje
y supervivencia en Auschwitz

MAX EISEN

AGUILAR

El papel utilizado para la impresión de este libro ha sido fabricado a partir de madera procedente de bosques y plantaciones gestionadas con los más altos estándares ambientales, garantizando una explotación de los recursos sostenible con el medio ambiente y beneficiosa para las personas.

Solo por azar
Una historia real de coraje y supervivencia en Auschwitz

Título original en inglés: *By Chance Alone. A Remarkable True Story of Courage and Survival at Auschwitz*

Primera edición: mayo, 2025

D. R. © 2016, Max Eisen

D. R. © 2025, derechos de edición mundiales en lengua castellana:
Penguin Random House Grupo Editorial, S. A. de C. V.
Blvd. Miguel de Cervantes Saavedra núm. 301, 1er piso,
colonia Granada, alcaldía Miguel Hidalgo, C. P. 11520,
Ciudad de México

penguinlibros.com

D. R. © 2025, Estela Peña Molatore, por la traducción
Esta traducción se publica por acuerdo con HarperCollins Publishers Ltd, Canadá.

Penguin Random House Grupo Editorial apoya la protección del *copyright*. El *copyright* estimula la creatividad, defiende la diversidad en el ámbito de las ideas y el conocimiento, promueve la libre expresión y favorece una cultura viva. Gracias por comprar una edición autorizada de este libro y por respetar las leyes del Derecho de Autor y *copyright*. Al hacerlo está respaldando a los autores y permitiendo que PRHGE continúe publicando libros para todos los lectores.

Tenga en cuenta que ninguna parte de este libro puede usarse ni reproducirse, de ninguna manera, con el propósito de entrenar tecnologías o sistemas de inteligencia artificial ni de minería de datos. Si necesita fotocopiar o escanear algún fragmento de esta obra diríjase a CeMPro (Centro Mexicano de Protección y Fomento de los Derechos de Autor, https://cempro.org.mx).

ISBN: 978-607-385-695-9

Impreso en México – *Printed in Mexico*

ÍNDICE

NOTA DEL AUTOR 11
PRÓLOGO 17

1. INFANCIA EN CHECOSLOVAQUIA 25
2. VERANOS EN LA GRANJA 41
3. GRANDES CAMBIOS 45
4. LA VIDA BAJO EL DOMINIO HÚNGARO 51
5. UN AÑO DE MUERTES Y NACIMIENTOS 65
6. EL ÚLTIMO SÉDER 67
7. EL TREN 77
8. LLEGADA A AUSCHWITZ II-BIRKENAU 81
9. *ARBEIT MACHT FREI* 89
10. SECAR LAS CIÉNEGAS 101
11. FANTASMAS ANDANTES 105
12. UN TROZO DE TOCINO 109
13. SELECCIONES, JULIO DE 1944 113
14. RECUPERACIÓN DE TIERRAS FUERA
    DE AUSCHWITZ 117
15. EL QUIRÓFANO 123
16. CIRUGÍAS EN EL BLOQUE 21 131
17. UNA OLLA Y UN GUISO 143

18. La destrucción del Crematorio 4 145
19. La marcha de la muerte 149
20. Melk, Ebensee y la liberación 159
21. Ebensee, después de la liberación 173
22. De České Budějovice a Moldava 177
23. Sanación emocional y física 187
24. Marienbad 191
25. Praga 197
26. Regreso a Košice 205
27. Campo de desplazados de Ebelsberg 213
28. Canadá 219

Epílogo 225
Palabras finales 235
Agradecimientos 245
Anexo 251
Postdata 261
Nota sobre el autor 265

A mi querida primera familia, que murió en un arrebato de odio pero me preparó un mapa para viajar. Viven en mi corazón por siempre.

A mi dedicada y cariñosa familia actual. Hace años no habría podido imaginar que viviría para conocerlos. Mi amada esposa, Ivy; mis dos hijos, Edmund Irving y William Larry; mis nietas, Amy Tzipporah y Julie Leah; y todos mis bisnietos. Me rodean de amor, estabilidad y gran alegría.

A los numerosos estudiantes que han asistido a mis presentaciones. Este libro es un recordatorio para estar en guardia contra las ideologías radicales y no ser nunca espectadores. Su respeto y sus elogios han sido una gran inspiración para mí.

Birkenau al final de la vía. Fotografía cortesía de Ian Jones

Nota del autor

En el verano de 2012, después de dos intentos previos, comencé a trabajar en estas memorias con la asistencia editorial de la doctora Amanda Grzyb, profesora asociada de estudios de información y medios en la Universidad de Western Ontario y académica de genocidio comparativo. Juntos grabamos horas de entrevistas que luego fueron transcritas. Sin embargo, cuando comenzamos a unir el material en una narrativa coherente, la historia simplemente no sonaba como la había previsto. En la primavera de 2014 decidimos dejar las entrevistas de lado y comenzar de nuevo desde el principio. El proceso fue doloroso. Escribí los capítulos a mano y con lápiz en hojas de papel tamaño carta dobladas por la mitad, y luego mi esposa, mi hijo o mi nieta los transcribían pacientemente en nuestra computadora. Le di cada capítulo mecanografiado a Amanda y ella los editó y me los devolvió con preguntas y sugerencias para revisiones adicionales. Amanda y yo nos reunimos con frecuencia durante el siguiente año, y en abril de 2015, casi 70 años después de mi liberación del campo de concentración de Ebensee, había completado un borrador de manuscrito que detallaba mis años formativos de infancia y mi posterior supervivencia durante los oscuros días del Holocausto.

Las fechas y los lugares mencionados en este libro se describen como los recuerdo, y cualquier error es involuntario y de mi exclusiva responsabilidad. Después de un lapso de 70 años, he escrito mis memorias con la mayor precisión posible.

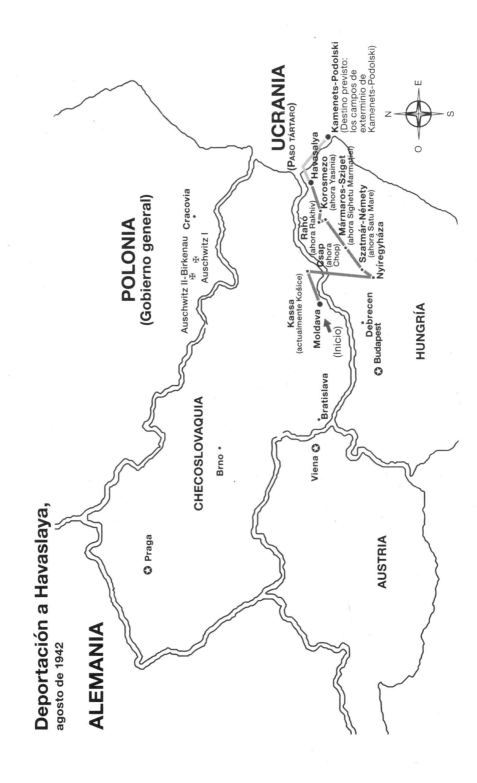

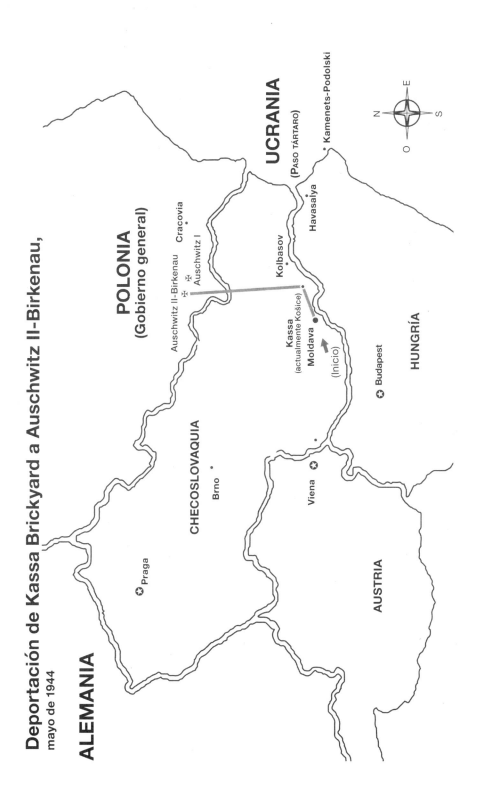

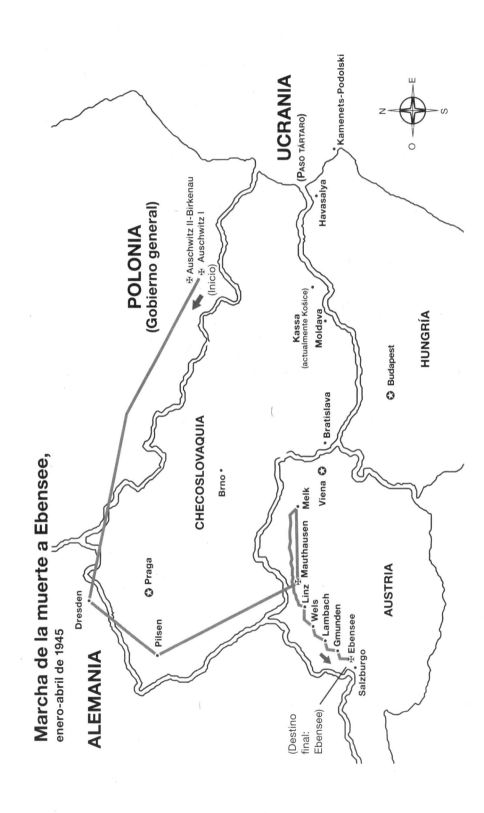

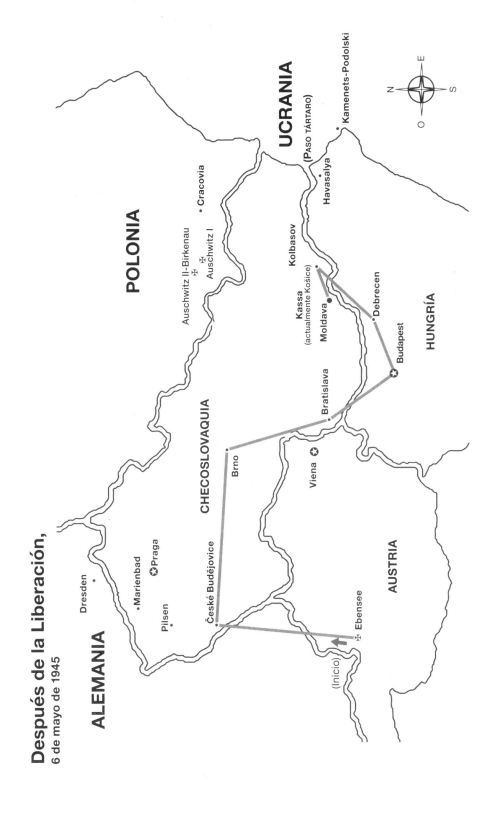

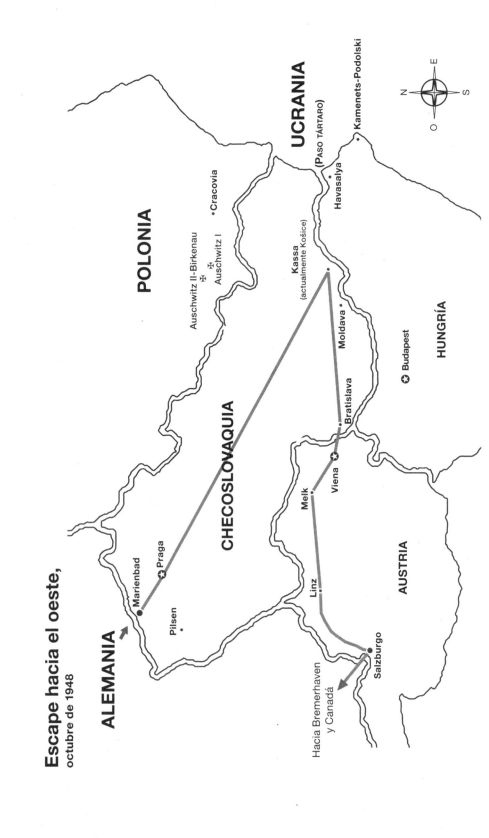

PRÓLOGO

En la primavera de 1998, me pidieron que acompañara a un grupo de 150 adolescentes de Toronto en un viaje a Polonia, donde participarían en la Marcha de los Vivos, un evento anual que tiene lugar en Yom HaShoah o Día de Conmemoración del Holocausto. Cada año, diez mil personas de todo el mundo se reúnen en Auschwitz I y marchan juntas a Auschwitz II-Birkenau, donde asisten a un servicio conmemorativo por los seis millones de judíos asesinados por los nazis y sus colaboradores locales. Amy, mi nieta mayor, formaba parte de este grupo; a sus 16 años, tenía casi la misma edad que yo cuando entré por primera vez en el campo, en 1944.

Como orador sobreviviente, mi labor consistía en completar las piezas que faltaban: los sonidos, los olores y los sentimientos de este lugar. Por primera vez en 53 años iba a entrar en el campo de exterminio donde los nazis habían asesinado a muchos de mis familiares y amigos. Sin tumbas que visitar, esto era lo más cerca que podía estar de sus espíritus, y sabía que sería una experiencia emocionalmente difícil para mí.

Mi llegada a Auschwitz II-Birkenau en mayo de 1944 fue una experiencia aterradora. Al bajar del tren, de inmediato noté cuatro enormes crematorios muy cerca del andén, escondidos entre algunos abedules. Aunque no fue hasta más tarde que supe cuál era su propósito, estas siniestras estructuras con sus enormes chimeneas

Con mi nieta Amy en la Marcha de los Vivos, 1998.
La primera vez que volví a Auschwitz tras la guerra.

despedían llamas y humo, y la mampostería crujía por el uso continuo del calor. Recuerdo que me quedé sin habla y sin aliento, como si algo monstruoso fuera a engullirme. Mientras hacía cola en el andén, separado de mi madre y mis hermanos, me sentía impotente y solo, temeroso de lo desconocido. Los soldados de las SS que custodiaban el andén tenían un aspecto brutal, y el símbolo de la calavera y los huesos cruzados de sus gorras me infundían pánico. Cuando regresé a Auschwitz II-Birkenau en 1998 no había signos inmediatos de las altas chimeneas ni de los edificios que habían albergado las cámaras de gas y los crematorios. Las SS los destruyeron antes de abandonar el campo en enero de 1945, y las estructuras ahora yacían entre ruinas. Los abedules habían crecido y donde antes había barro ahora había una cubierta de hierba verde. Atrás quedaba el olor a carne quemada y los flacos prisioneros con sus endebles atuendos, acosados por los guardias de las SS. Ahora el lugar me parecía extrañamente benigno, y me sorprendió sobre todo la inmensidad del sitio, las ruinas de los barracones y el alambre de púas. A pocos kilómetros, en Auschwitz I, vi los barracones donde pasé tantas noches, los lugares donde me obligaban a permanecer de pie durante horas, así como el sitio donde tocaba la orquesta. Recordé el hambre, el terror, el cansancio constante. Pero también recordé algunos momentos críticos de consejos, pequeñas bondades, conversaciones con mis compañeros prisioneros y el hospital del campo que se convirtió en una parte tan importante de mi historia.

Sherri Rotstein, una de las organizadoras de la Marcha de los Vivos canadiense, recuerda haberme visto aquella tarde rodeado de participantes. Me dijo que tenía la mirada perdida y se preguntaba en qué estaría pensando. Sabía que yo había vuelto, emocional y físicamente, a un lugar muy oscuro, pero se sentía esperanzada por el hecho de que estuviera rodeado de jóvenes judíos, el futuro judío. Es cierto que volver al campo me llenó de

---

* Las Schutzstaffel (SS) eran las fuerzas militares de élite del Tercer Reich. [N. del E.]

Hablando frente al consultorio en el que trabajé en el bloque 21, en 2014.

tristeza, pero también me reconfortó ver a Amy colocar una foto de mis familiares perdidos sobre las ruinas del Crematorio II. Sabía que estaban con nosotros en espíritu. Y Amy representaba a las generaciones de hijos y nietos que habían salido adelante tras el genocidio.

Mi primera peregrinación de regreso a Auschwitz-Birkenau me dio la fuerza para ver, sentir y transmitir los horrores que los nazis habían perpetrado allí. Fue en ese viaje cuando me comprometí de nuevo como conferencista y educador sobre el Holocausto, trabajo que había emprendido por primera vez seis años antes. Desde entonces he mantenido un riguroso programa de presentaciones en escuelas y otros eventos y he vuelto a Auschwitz muchas veces. En uno de esos viajes me acompañó mi otra nieta, Julie. Me dijo que recordaba escuchar las historias de los campos de exterminio cuando era niña, pero no fue hasta que caminó por los terrenos de Auschwitz que en verdad entendió el nivel de engaño de los nazis y el alcance de la destrucción de la vida humana. Describió el impacto que sintió al ver mis barracas, mi litera y los lugares donde trabajaba. Siempre me había considerado un hombre fuerte, feliz y enérgico, sin cicatrices de las tragedias que afectaron a mi familia y a mí. Me dijo cuánto respetaba mi misión personal de educar a tanta gente como fuera posible sobre el destino de los judíos durante el Holocausto.

En mayo de 1992 hice mi primera presentación en público ante un grupo de alumnos del último año de la preparatoria católica St. Joseph de Barrie, Ontario. Estaba nervioso y respiraba entrecortadamente mientras les contaba a toda prisa mi historia. No tenía la habilidad de hablar en público para transmitir mi presentación con facilidad. Cuando terminé, me dije que no volvería a hacerlo. Pero, unos días más tarde, el profesor me envió una nota de agradecimiento diciendo cuánto habían apreciado los estudiantes mi franqueza y cuánto mejor entendían ahora el Holocausto. Esta retroalimentación me dio la confianza que necesitaba y continué hablando en otros lugares cuando me invitaban.

Desde ese día, me embarqué en un viaje de aprendizaje que duraría toda la vida y perfeccioné mis habilidades para hablar ante diferentes grupos de edad. Hoy me dirijo a alumnos desde el quinto de primaria y hasta universitarios, y a todos los grupos intermedios. He viajado por todo Canadá, desde las Marítimas hasta la Columbia Británica, para hablar ante audiencias grandes y pequeñas, desde alumnos de un salón de clases hasta casi dos mil estudiantes de bachillerato en un gran auditorio.

En una ocasión, durante una sesión en una escuela primaria de Sudbury, Ontario, me recibió en la puerta un grupo de alumnos de quinto grado, y vi que todos llevaban estampitas con la estrella de David en el pecho. Me preguntaron si yo también quería una. Me la puse y me acompañaron al salón, donde estaban reunidos 80 alumnos. La profesora me informó que habían leído un libro, titulado *Number the Stars* (*¿Quién cuenta las estrellas?*), que los había sensibilizado sobre la discriminación. Pasé dos horas con ellos y les conté mi historia. Habían escrito varias preguntas en papelitos e hice mi mejor esfuerzo por responderlas. Cuando terminamos, todos se pusieron en fila y quisieron que les firmara sus papelitos y añadiera un comentario. Algunos de ellos incluso llevaban papeles extra para que se los firmara a sus familias. Unos meses más tarde llegó un paquete de la escuela. En él había un edredón de fieltro con 20 paneles que representaban lo que los alumnos habían aprendido en mi clase. Uno de los paneles representaba una locomotora jalando vagones de ganado. Otro mostraba barcos de pesca que transportaban judíos daneses a Suecia. Otro tenía una imagen de mi familia, incluidos mis dos hermanos tomados de la mano. El edredón era un proyecto conmemorativo extraordinario y reforzó en mí la importancia de aprender la historia con un compromiso total.

Muchos de los estudiantes con los que hablo están en primer año de preparatoria, porque es el año en que se enseña historia de la Segunda Guerra Mundial. Me reto a mí mismo a mantener su atención durante una hora y media, así como durante el periodo posterior de preguntas y respuestas. Con frecuencia, los alumnos se me acercan después de mi exposición para hacer comentarios, tomarse fotos o pedirme un autógrafo. Maestros y directores me han dicho muchas veces que están asombrados de lo bien que se concentran los alumnos cuando hablo. Las numerosas cartas que recibo de los alumnos y sus profesores atestiguan el hecho de que en verdad comprenden la importancia de la historia del Holocausto. Pone en perspectiva sus propias luchas, fomenta la protección de una sociedad democrática y les ayuda a identificar las injusticias.

Además de hablar en escuelas primarias y bachilleratos, he hecho presentaciones con frecuencia (a veces anuales) en muchas universidades y escuelas superiores, como Lakehead, Trent, Ryerson, Brock, la Universidad del Norte de Columbia Británica, la Universidad de Alberta, la Universidad de Manitoba, la Universidad de Regina, St. Francis Xavier, Western y Seneca. También me he dirigido a los cadetes de la policía de la región de York, a la policía provincial de Ontario y al Colegio de Fuerzas Canadienses de Toronto. He hecho presentaciones en iglesias, sinagogas, bibliotecas y centros comunitarios durante la Semana de la Educación sobre el Holocausto. Mis compromisos fuera de la ciudad son muy intensos; a veces hago hasta cinco presentaciones en tres días. Estos viajes pueden ser física y emocionalmente agotadores. Pero creo que son necesarios. Y, a pesar de lo demandante de mi trabajo, siempre me alegra conocer a gente diferente en todo el país. Si estoy disponible, nunca rechazaré una invitación para hablar.

Aunque doloroso, mi trabajo como educador sobre el Holocausto también ha renovado mi espíritu. Creo que una nueva generación puede relacionarse con el Holocausto y sus lecciones comprendiendo cómo puede actuar el mal cuando no se le pone freno. Espero que los estudiantes que conozco combatan el racismo y la intolerancia dondequiera que los vean, y que hablen claro y marquen una diferencia positiva en la sociedad canadiense. Después de muchas visitas a Auschwitz, también puedo ver que los vestigios físicos del Holocausto siguen deteriorándose, y que los testigos de primera mano, como yo, están envejeciendo. Reconozco lo importante que es para los sobrevivientes contar sus historias y honrar y recordar a las personas y el potencial humano que se perdieron. Este volumen es el último paso en mi viaje como educador del Holocausto, y constituye mi propia contribución permanente a esta historia y a la memoria de mis seres queridos que se perdieron en este horror.

Capítulo 1
Infancia en Checoslovaquia

Nací en Moldava nad Bodvou, Checoslovaquia, en 1929. Entonces mis padres no podían prever el peligro y la destrucción que le ocurrirían a nuestra familia solo una década después.

Nuestra ciudad tenía una población cercana a los cinco mil habitantes; la mayoría eran católicos romanos y cristianos reformistas. También había unas 90 familias judías, que en total no superaban las 500 personas. La atmósfera de la ciudad era segura y yo tenía muchos amigos, tanto judíos como no judíos. En un extremo de la plaza principal estaban la iglesia católica romana y en el otro la reformista. Construidas durante el Imperio austrohúngaro, la escuela primaria pública de estilo barroco y la oficina de correos también estaban cerca de la plaza principal. En las cercanías había un bachillerato.

Vivía con mi padre, mi madre, mis abuelos, mi tío y mi tía, en una casa grande; cada parte de la familia tenía sus propias habitaciones. Los negocios de la ciudad eran operados principalmente por propietarios judíos, incluida la confitería, una gran tienda general, dos panaderías, dos tabernas, varias tiendas de artículos para el hogar y materiales, un vidriero y un herbolario. Mi padre era dueño de una taberna llamada La Bodega, donde la gente venía a beber y socializar; ahí preparaba y vendía una variedad de licores embotellados con sabor a menta, durazno y chocolate. Había un carnicero judío y una tienda de bicicletas operada por una familia que también tenía una concesión de venta de gasolina Shell Oil. Las instalaciones médicas del pueblo incluían dos médicos judíos, el doctor Fried y el doctor Laszlo, y dos dentistas judíos, uno de los cuales, el doctor Gertner, era nuestro dentista familiar. Otras dos tabernas y una carnicería eran propiedad de residentes no judíos y operadas por ellos. La administración de la ciudad estaba supervisada por el equivalente a un alcalde, que también era el jefe del distrito de Abaúj-Szántó. También había una estación de policía.

Mi madre, mi tía y mi abuela, como el resto de las mujeres judías del pueblo, eran inteligentes, cultas, capaces y colaboradoras. Hacían trabajos voluntarios, como adornos para la sinagoga, y ayudaban a los pobres. También abríamos nuestros huertos a los necesitados, que podían venir a recoger fruta en temporada. Cuando se pusieron de moda los vestidos de punto, las mujeres se dedicaron también a tejer y confeccionaban prendas para ellas y sus hijas.

Mi familia extendida incluía a mi abuelo, Raphael; mi abuela, Malvina; mi tía Bella; mi tío Eugene, que era hermano de mi padre; y su mujer, Irene. Aunque todos ellos influyeron en mis primeros años de vida, mi abuelo me enseñó muchas habilidades para la vida que sigo usando hoy en día. Yo lo respetaba de forma especial y valoraba su atención. Mi papá tenía otra hermana que vivía en un pueblo llamado Almás con su marido y sus hijos. Su apellido era Lazarovits. La ayudante de mi madre, Anna, fue también importante en mis primeros años. Anna vino a vivir con nosotros cuando yo nací y era una mujer fuerte de cuerpo y espíritu. Aunque no era judía, conocía nuestras costumbres y podía recitar algunas de nuestras bendiciones para la comida. En mi mente, ella también formaba parte de la familia.

Admiraba la fuerza y la sabiduría de mi abuelo. Había sido oficial de caballería en el Imperio austrohúngaro y había luchado en el frente ruso en la Primera Guerra Mundial. Los judíos de Austria-Hungría —que se habían emancipado en 1867— veneraban al emperador Francisco José, y los ancianos de mi pueblo que

INFANCIA EN CHECOSLOVAQUIA 27

La foto de boda de mi tío Jeno (Eugene) y su esposa, Irene, tomada en 1930.

eran veteranos y camaradas de aquella época llevaban barba y caireles laterales como los suyos. Mi abuelo y mi tío Eugene administraban el aserradero de nuestra propiedad. El día de mercado, hasta diez granjeros ataban sus caballos y carretas en nuestro patio mientras vendían sus productos en el mercado. Me encantaban los caballos, así que era todo un acontecimiento para mí. Antes de irse, los granjeros compraban madera en nuestro patio y mi abuelo anotaba las compras en su gran libro de contabilidad. (Después de traer sus cosechas, pagaban sus compras con grano o ganado.) Una vez que se habían marchado, mi trabajo, junto con el de mi abuelo, consistía en limpiar el estiércol que quedaba con una escoba que tenía un mango muy largo. El estiércol se utilizaba para abonar nuestro huerto y su olor natural no me molestaba. Además del trabajo constante del aserradero, mi abuelo y yo podábamos e injertábamos los árboles frutales de nuestro huerto. Siempre preferí estas tareas a la escuela, por duro que fuera el trabajo.

Cuando mi abuelo iba a comprar lotes de madera para el aserradero, a veces me invitaba a ir con él. Una vez entramos a un frondoso bosque de altos pinos, donde pude escuchar el susurro del viento entre las copas y percibir el aroma de la resina mientras mi abuelo evaluaba las dimensiones de los árboles que debían ser talados. En mi mente, me preguntaba si conocía la manera de salir de aquel denso bosque. Sin embargo, mi abuelo me demostró cómo identificar los signos particulares que nos guiarían para regresar. En el camino de salida, me enseñó a distinguir entre los hongos silvestres comestibles y los venenosos.

Vivíamos en una zona rural donde abundaban los caballos y el ganado, y había ocasiones en que estos animales comían hierbas que no les convenía digerir, por lo que se hinchaban y necesitaban un alivio inmediato. Cuando no había un veterinario para realizar este trabajo, llamaban a mi abuelo para que liberara el gas de sus vientres. Los granjeros le agradecían que estuviera disponible y sus habilidades en esta área me impresionaban. Aprendí muchas cosas observándolo, sobre todo la importancia del trabajo bien hecho.

INFANCIA EN CHECOSLOVAQUIA 29

Mi hermano pequeño Eugene (izquierda), Alfred y yo en 1939.

Por su parte, mi papá había abrazado la era del automóvil en los años veinte y principios de los treinta, cuando muchos cambios sociales y culturales estaban en marcha. En una época, fue dueño de un autobús que hacía la ruta entre nuestro pueblo y Košice,[1] la capital de nuestra provincia, a unos 50 kilómetros de distancia. El conductor del autobús era también el cobrador y, al cabo de un tiempo, mi padre se dio cuenta de que el hombre se quedaba con parte de los ingresos y la ruta perdía dinero. Así que un año más tarde vendió el autobús. También tenía un auto convertible que condujo durante muchos años, pero con el tiempo se volvió irreparable y lo dejó estacionado en una esquina de nuestro patio, donde se hundió hasta los ejes. Mis amigos y yo nos sentábamos en el vehículo oxidado y fingíamos que lo manejábamos.

Alrededor de 1925, mi padre fundó La Bodega, una popular taberna donde a la gente le gustaba socializar. A veces me daban la tarea de poner etiquetas exóticas en las botellas de licores y cera roja en los corchos, y luego agregar el sello de mi padre a la cera. Luego, cada botella se colocaba en una funda tejida y se espolvoreaba con polvo de tiza blanco para darle la apariencia de antigüedad. En ocasiones, entregaba estas botellas a los clientes de la ciudad. Me gustaba estar en La Bodega, y mi padre me permitió ser su ayudante responsable. En las frías y oscuras noches después de la escuela hebrea en invierno, a menudo iba al establecimiento de mi padre y esperaba ahí hasta la hora de cierre, cerca de las ocho de la noche. Me daba un poco de alcohol para hacer gárgaras y matar cualquier bacteria invernal. Me encantaba esperarlo en lugar de irme a casa solo en la oscuridad.

Recuerdo que en ocasiones mis amigos y yo, a la salida del colegio a las cuatro de la tarde, pasábamos a comprar panecillos káiser en la panadería de Deutch y luego íbamos a La Bodega, donde nos dejaban abrir la espita de un barril de licor y remojar

---

[1] Esta ciudad era conocida como Košice bajo dominio eslovaco y Kassa cuando estaba gobernada por Hungría. Decidí utilizar el nombre que tenía la ciudad en su momento, lo que significa que a veces me referiré a ella con el primero y a veces con el segundo.

nuestros bollos en él. Todos mis amigos querían venir a La Bodega para fortificarse antes de ir a la escuela hebrea. Aunque mi padre era estricto, tenía un gran sentido del humor y era un momento feliz para mis amigos y para mí.

Mi papá era el proveedor y, por su parte, mi mamá mantenía la atmósfera de seguridad y el ritmo del entorno hogareño. Atendía nuestras necesidades físicas y psicológicas diarias. Yo nací en 1929, cuando ella tenía 25 años y mi padre 27. Mi hermano Eugene nació en 1932, mi hermano Alfred en 1936. Mi hermana pequeña, Judit, nació en 1943, lo que supone una diferencia de 14 años entre nosotros. Todos nacimos en la casa familiar y fuimos atendidos por comadronas. Mi hermano Eugene era el más listo, y yo me sentía en desventaja en comparación cuando él terminaba los deberes sin problemas y yo no. Parecía que era capaz de manejar con facilidad el plan de estudios tanto de la escuela pública como de la escuela hebrea. Entre nosotros existía una natural rivalidad fraternal. Alfred, rubio y de ojos azules, yo y todos los demás miembros de mi familia lo consentíamos, y fue considerado el bebé hasta que llegó Judit siete años después.

Mi primer recuerdo es ir montado en el travesaño de la bicicleta de mi padre mientras me llevaba a la escuela hebrea para presentarme a mi maestra. Por primera vez dejaba la seguridad de mi familia, llevando solo una bolsa de papel con un panecillo con mantequilla y un tomate para comer. La escuela estaba ubicada al lado de la sinagoga en el centro de la ciudad, aproximadamente a un kilómetro de nuestro hogar. Para un niño de cinco años parecía una gran distancia. Mi padre me entregó a la maestra, quien me habló en yiddish, y yo no entendía. En casa hablábamos húngaro, mi lengua materna.

Estaba muy asustado por este nuevo y extraño entorno. Era un hermoso día soleado y había muchos niños de mi edad y mayores jugando en el patio de la escuela. Algunos tallaban y hacían silbatos con ramas de sauce. Otros se habían quitado los zapatos y trataban de pescar pequeños peces bajo las rocas del río Bodvou, que pasaba junto al colegio. Poco a poco fui haciendo amigos y me dejaron ir solo a la escuela. En la clase, de una sola aula, había tres mesas con bancos; los niños se agrupaban en torno a ellas por edades y capacidades. Era una *cheder* (escuela) para niños que estudiaban las Escrituras (la Biblia hebrea).

Había un solo maestro que supervisaba a todo el grupo y que era estricto y firme. Utilizaba un palo para mantener el orden y castigaba a los que no aprendían bien el texto. A mí me obligaba a sentarme en el banco a su derecha y muchas veces me castigaba cuando no le respondía. Estoy seguro de que intentaba demostrar su capacidad como maestro a mi padre, que era una persona respetada en la comunidad. Pero cuanto más me castigaba, menos quería aprender.

La presión de este entorno hostil, combinada con mis clases en la escuela pública —que empecé un año después—, era más de lo que podía soportar. No solo tuve que aprender yiddish a los cinco años, sino que también tuve que aprender eslovaco a los seis para poder participar en el plan de estudios de la escuela pública. La escuela pública terminaba a las cuatro de la tarde, y luego íbamos a la escuela hebrea hasta las siete. También iba a la escuela hebrea los domingos, y cuando los húngaros tomaron el control del país en 1938-1939, también tenía que ir al colegio público medio día los sábados. Quedaba poco tiempo para los juegos de la infancia. Mi carácter rebelde se reflejaba en mi rendimiento insatisfactorio en ambas escuelas, lo que se traducía en castigos en casa por parte de mi padre, que esperaba mejores resultados. Por suerte, mamá era más comprensiva y en muchas ocasiones salió en mi defensa.

Un día, el hermano de nuestro vecino Ily llegó de visita en su deportivo Škoda rojo fuego. Vi este precioso automóvil estacionado delante de su casa y me atrajo como un imán. En mi mente, me veía a mí mismo subiendo al volante y despegando en él. Al final, todos salieron de la casa: Ily, con una canasta de pícnic; su hijo, Nori; y su hermano, un artista alto y elegantemente vestido.

Iban a visitar las cuevas de estalactitas de Dobsina, a una hora y media de viaje. Me moría de ganas de que me invitaran a ir con ellos, pero cuando Ily me dijo: "¿Por qué no vienes, Tibor?" —de pequeño me llamaban Tibor—, me enfrenté a una gran decisión, porque era nuestro *sabbat* y estaba terminantemente prohibido conducir en coche. Si mi padre se enteraba, el castigo sería terrible. Desgarrado entre el miedo y el deseo, opté por subirme al auto y sufrir las consecuencias más tarde; estaba decidido a no perder esta oportunidad.

Mientras avanzábamos por el pueblo, me agaché lo más que pude para que nadie me viera. Las estalactitas eran absolutamente asombrosas y nunca había visto nada igual. De camino a casa se me revolvía el estómago del miedo a lo que me esperaba. Cuando llegamos, ya había anochecido. Bajé del auto, tratando de pasar desapercibido, y fingí que volvía de una larga excursión. La casa estaba sumida en un ominoso silencio cuando me acerqué, y sentí que todo el mundo debía saber de mi imprudencia. Mi padre, que debía de haber visto volver el coche, me confrontó apenas entré en casa y me llevó al huerto, donde me dio una buena paliza. Me dijo que había cometido un gran pecado al no respetar el sábado. Mi madre estaba mortificada, pero no dijo nada. Apreté los dientes y acepté el castigo, pero no dejé de actuar según mis impulsos, ni entonces ni en el futuro.

En una ocasión, mi amiga Gaby Lichtman y yo salimos corriendo de la escuela hebrea a su casa a buscar algunos libros para leer antes de las oraciones vespertinas. Todos los días, en la escuela hebrea, tomábamos un descanso al atardecer para rezar en la sinagoga y luego volvíamos a la escuela hasta las siete de la tarde. Este día en concreto era pleno invierno, de modo que oscurecía a las cinco, lo que nos dejaba solo diez minutos antes de tener que estar en la sinagoga. Me encantaban los libros con vaqueros y bandidos, y a toda prisa me metí varios bajo la camisa y el abrigo de invierno. Sin embargo, cuando llegamos a la sinagoga, el servicio ya había comenzado. Me puse en fila con el resto de los alumnos y recé mis oraciones, pero el profesor nos había visto llegar tarde y me lanzó una mirada amenazante. Supe que estaba en problemas.

Cuando nos sentamos, el profesor se acercó para darme una bofetada. Intenté evitar su mano porque no quería que me castigara frente a toda la congregación, y cuando lo hice, todos los libros se deslizaron de mi camisa y cayeron en el suelo de la sinagoga. Me sentía muy apenado y esperaba que el suelo se abriera y pudiera desaparecer. Este incidente avergonzó a mi padre, que también asistía a las oraciones, porque toda la comunidad había sido testigo de mi mal comportamiento. Sabía que las consecuencias serían dobles: mi padre me castigaría y, lo que era peor, confiscarían todos los libros y ya no se me permitiría leer historias de aventuras.

La mayor parte de mi aprendizaje se desarrolló fuera de las escuelas, guiado en gran medida por mi tía Bella, que leía con frecuencia. Aprendí a leer en húngaro sentado en su regazo, y a los cinco años ya podía leer libros. Tía Bella, una mujer hermosa, era inválida debido a la poliomielitis, que limitaba su movilidad. A pesar de su discapacidad, tenía un carácter alegre y se interesaba mucho por nuestras vidas. La rutina doméstica giraba en torno a sus necesidades especiales, de las que se ocupaban principalmente mis abuelos. El abuelo la ayudaba a levantarse de la cama y la abuela la lavaba y la vestía, le peinaba el pelo largo y sedoso, se lo trenzaba y se lo recogía en un moño. Bella era muy culta, a pesar de carecer de educación formal, y compartía con gusto sus conocimientos con nosotros. Disfrutaba mucho escuchando su repertorio de cuentos y mis hermanos y yo competíamos por su atención.

Además de la rutina diaria de Bella, el ritmo de nuestra casa también estaba regulado por las estaciones. En el verano, cuando llegaba el tiempo de cosechar los vegetales, todas las mujeres se reunían durante días para procesar los alimentos. Hacían conservas, ensalada de remolacha y encurtidos que duraban hasta la primavera. En otoño cosechábamos verduras como zanahorias, rábanos y papas y las enterrábamos en arena en la bodega fría del sótano.

El chucrut era un alimento básico en casa. Se preparaba en otoño en un ritual que hoy recuerdo con claridad. Rallábamos suficientes fanegas de remolacha como para llenar un gran tambor de madera, machacábamos la masa rallada con un mazo de madera hasta que quedaba aguada y luego la cubríamos con hojas de laurel, maíz, manzanas asadas y granos de pimienta. Cuando el tambor estaba lleno, lo tapábamos con una tapa también de madera y colocábamos una piedra pesada para aplastarlo e iniciar el proceso de fermentación.

Hacer conservas de fruta era otro ritual familiar anual. La mayoría de los árboles del huerto eran ciruelos y cosechábamos sus frutos para hacer docenas de tarros de mermelada de ciruelas negras. Cuando las ciruelas estaban maduras, se recogían, se despepitaban y, al día siguiente, mi abuelo y yo encendíamos una chimenea de leña al aire libre para hervir la fruta en un gran cazo de cobre. La mermelada tardaba un día entero en cocerse, así que solíamos hacerla en la luna llena, lo que nos permitía tener luz suficiente para trabajar hasta bien entrada la noche. Cuando la mermelada estaba lista, era espesa y densa, y mi trabajo consistía en remover la deliciosa mezcla y transvasarla a tarros esterilizados. Los tarros se tapaban con papel encerado y se ataban con un cordel, se etiquetaban por años y se repartían en partes iguales entre las tres familias. Como maravillosa recompensa por mi arduo trabajo, me dejaban lamer los restos de mermelada del cazo.

Una vez a la semana, mi madre, mi abuela y mis tías preparaban la masa para el pan de la semana. Mi trabajo consistía en llevar la masa en un carro de cuatro ruedas hasta la panadería del señor Deutch, el panadero del pueblo, de camino a la escuela. Al salir de clases, volvía para recoger las tres barras de pan que el señor Deutch había horneado. La panadería estaba llena de aromas maravillosos que deleitaban los sentidos. Los panes estaban apilados en estanterías y buscaba nuestros nombres. Al volver a casa, muchas veces mi madre me cortaba una rebanada grande y la untaba con grasa de ganso y pimentón.

Cada una de las tres familias, la mía, mis abuelos y la de mis tíos, tenían sus propias salas, sus recámaras y su cocina equipada con estufas de leña para cocinar y hornear. Para mí era maravilloso porque muchos días podía elegir mi menú dependiendo de los olores que salían de cada una de ellas. Me encantaba el pescado y, todos los jueves de verano, un pescador local nos traía dos truchas que mi madre cocinaba en mantequilla para cenar. Era delicioso. Pero odiaba su sopa de tomate con arroz y corría a otra cocina cada vez que la hacía.

Las gallinas y los patos alimentados con cereales campaban a sus anchas por el patio. Los gansos se alimentaban con maíz hervido y se mantenían en un área separada, donde engordaban con rapidez. Estas aves cubrían todas nuestras necesidades y nos autoabastecíamos de carne y grasa para cocinar y hornear. La dieta invernal se basaba más en carne y grasa. Como éramos una familia judía ortodoxa tradicional, teníamos que procesar nosotros mismos la carne y extraer la grasa de los gansos para no desperdiciar nada. Comíamos delicias como hígado de ganso, piel de ganso con puré de papas y cebollas salteadas, y muchas otras especialidades. Usábamos las plumas y el plumón para almohadas y edredones.

La alta valla que rodeaba nuestra propiedad tenía una puerta principal para vehículos y otra pequeña para peatones. La vigilaban nuestros tres perros: un gran alsaciano llamado Farkas ("lobo" en húngaro) y dos *fox terriers*, Ali y Prince. Farkas era el perro alfa y estaba muy atento a su entorno. Por el tono de sus ladridos sabíamos si alguien que se acercaba al recinto era amigo o enemigo, y siempre nos sentíamos bien protegidos.

Como nuestra amplia propiedad se prestaba a todo tipo de diversiones, mis amigos se reunían ahí con frecuencia para jugar a juegos como los vaqueros y los bandidos. Nos escondíamos en el desván del viejo establo, trepábamos por las ramas de los nogales o desaparecíamos en el cobertizo de la leña. También nos metíamos en muchos líos, por los que yo pagaba con frecuencia el precio. Cuando tenía 11 años, me puse a esculcar en el escondite que tenía mi abuelo en el ropero de su recámara. Ahí guardaba cosas especiales lejos de miradas indiscretas. Era un alto mueble de madera oscura tallada mitad para él y para ella. Sabía que había cosas valiosas arriba y tenía curiosidad por ver qué tesoros podía encontrar. Un día me subí a una silla para alcanzar la parte alta y hallé una voluminosa funda de cuero que tomé entre mis manos. Pesaba mucho y me pregunté si tendría una pistola dentro. Abrí la solapa de cuero, y he ahí que había una pequeña Beretta pulida con empuñadura negra. Estaba más que emocionado y decidido a ir de inmediato a la ciudad para enseñársela a mis amigos. ¡Nadie podría superarme! Sujeté con fuerza el estuche bajo la axila y salí, esperando que el abuelo no se diera cuenta de que había desaparecido.

Cuando llegué al pueblo, mis amigos se reunieron a mi alrededor y les enseñé el arma. Quedaron muy impresionados y alguno salió corriendo a buscar más amigos. Pronto me vi rodeado de 15 chicos entusiasmados que querían empuñar la pistola. Algunos me retaron a dispararla. Apreté el gatillo, pero no pasó nada, así que apreté cada vez más fuerte. Empezaron a burlarse de mí, diciendo que la pistola era falsa. Me enfadé porque no disparaba y conseguí sacar el cargador. Todos nos asombramos al encontrar 12 balas adentro. Por suerte, nadie sabía cómo soltar el seguro, ni nadie lo había soltado accidentalmente. A estas alturas, ya estaba yo muy nervioso por si me descubrían, así que puse fin a la diversión y me dirigí a casa.

Volví a entrar de puntitas en el dormitorio del abuelo y coloqué la pistola en su sitio, esperando que no se diera cuenta. Durante semanas, los chicos siguieron hablando de la pistola, pero de algún modo nunca me pidieron cuentas por mis actos. En retrospectiva, me doy cuenta de lo peligroso que era tener una pistola cargada y 15 niños ingenuos tomándola y manipulándola. Si el arma se hubiera disparado y hubiera herido a alguien, mi familia habría sufrido graves consecuencias, ya que los civiles tenían terminantemente prohibido poseer armas de fuego bajo el régimen húngaro.

En otra ocasión, ocho o diez amigos y yo tratamos de emular los hábitos de los chicos mayores del pueblo que hacían cosas "de grandes". Estaba prohibido fumar, pero a los ocho años no nos pareció un impedimento. No teníamos dinero, así que me ofrecí como voluntario para sacar algo de la caja de mi padre en La Bodega. Fui a la tienda y le dije al tendero que el maestro de escuela me había pedido que le llevara unos cigarrillos. Puse el dinero en el mostrador y me dieron diez cigarros envueltos en periódico. Mis amigos y yo nos fuimos a una zona montañosa cercana a prenderlos. Todos inhalábamos y soplábamos anillos de humo, y pronto todos estábamos mareados. Tosíamos y escupíamos y no era una experiencia placentera para nadie, aunque queríamos ser como los chicos mayores.

Cuando volví a casa, mi madre me olió el aliento a humo y supo lo que había estado haciendo. Me dijo claramente que no volviera a hacerlo. A pesar de la advertencia, seguí fumando con mis amigos cada vez que conseguíamos algo de dinero.

El doctor Fried, nuestro médico de cabecera, era un hombre elegante que siempre fumaba un puro cuando paseaba por la ciudad. El humo del puro me resultaba muy agradable y lo seguía para olerlo mientras caminaba. Al final, mis amigos y yo decidimos juntar nuestro dinero para comprar un gran puro cubano y compartirlo. Volvimos a casa de mi familia con la preciada compra y nos escondimos dentro del gran gallinero. Intentamos encender el cigarro, pero no nos dimos cuenta de que teníamos que cortarle el extremo para crear una vía aérea para el humo. Todos intentaron encenderlo sin éxito, masticando progresivamente más y más del extremo, haciendo un desastre. A medida que los fósforos de todos se acumulaban en el suelo, la paja comenzó a humear y pronto el humo llenó el pequeño gallinero. Atrajo a mi abuelo, quien abrió la puerta y gritó: "¡Fuera! Están incendiando el gallinero". Cuando salimos, vi que salía humo de todas las grietas. Mis amigos se fueron y me dejaron enfrentar el regaño de mi abuelo. Pero, aun así, no nos desanimamos. Empezamos a hacer pipas de mazorca de maíz y a fumar hojas secas en vez de tabaco.

Era horrible, pero seguíamos fumando en otoño, cuando había muchas hojas. Yo seguí fumando hasta los 12 años, cuando tuve que irme de casa para ser aprendiz.

Cuando miro hacia atrás, me doy cuenta de que algunas de mis acciones eran vergonzosas. También me percato de lo mucho que se pensaba, se hacía y se trabajaba para llevar la casa, y de lo mucho que yo daba por sentado. A diario mi madre nos alimentaba con una dieta nutritiva y balanceada, cocinada desde cero, y me daba una cucharada de aceite de pescado con una gota de jarabe para fortalecer mi salud antes de salir de casa para ir al colegio. También era una costurera increíble y nos hacía mucha ropa en casa. No entiendo cómo se las arreglaba sin agua corriente, sin lavadora y sin otras comodidades modernas. Seguramente sufría por el estrés y las tensiones durante su jornada laboral, y ahora me doy cuenta de lo mucho que sacrificó para que su familia estuviera bien.

CAPÍTULO 2
VERANOS EN LA GRANJA

Mi familia materna vivía a unos 200 kilómetros, en una pequeña comunidad agrícola llamada Kolbašov, cerca de la gran ciudad de Michalovce. La abuela Friedman y mis dos tíos solteros, Herman y Pável, llevaban la gran granja familiar, donde producían maíz, cereales y lino. Tenían un rebaño de vacas lecheras, ovejas y cabras, así como varias yuntas de caballos que utilizaban para la labranza, el acarreo y otras labores. Era una granja muy próspera, con muchos ayudantes jóvenes. Al amanecer llevaban el ganado a pastar a los distintos prados y lo traían de vuelta al mediodía y por la tarde para ordeñarlo a mano. Los peones procesaban la leche en separadores para obtener leche descremada y mantequilla. Hacían quesos con leche de oveja y de cabra. Al caer el día, los caballos volvían del campo, les quitaban los arreos, los acicalaban y los dejaban correr hasta el abrevadero.

Mi primera visita prolongada a la granja fue en 1935, cuando tenía seis años. Aquel año pasé ahí todo el verano, casi dos meses. Volví de nuevo en los veranos de 1936, 1937 y 1938. Las vacaciones de verano en la granja eran un tiempo de libertad, sin escuela pública ni hebrea. Me sentía muy libre. Muchos de mis primos de los pueblos cercanos también iban en verano y formábamos un grupo feliz de ocho o diez niños. Me sentía muy unido a dos primas mayores, Edith y Lily Burger. A Laly Friedman, otro de los primos, le permitían ensillar su caballo y montar en cualquier momento, mientras que yo solo podía ir delante de mi tío en su silla.

Los niños teníamos mucho en qué ocupar nuestras mentes. Visitábamos a los terneros recién nacidos, les metíamos la mano en la boca y dejábamos que nos chuparan los dedos con sus encías desdentadas. Recogíamos fresas silvestres en los campos. Los tíos Herman y Pável estaban muy ocupados llevando la granja, pero siempre se las arreglaban para encontrar algo de tiempo para nosotros. Nos encargaban llevar a pastar a las ovejas y las cabras. Intentar mantenerlas a todas juntas era todo un reto, sobre todo cuando las cabras se alejaban, trepando cada vez más alto por la ladera. Me encantaba cuando mis tíos me llevaban en sus monturas y galopábamos a campos lejanos para ver cómo avanzaba el trabajo de la cosecha.

Al final de cada larga jornada de actividades, los niños estábamos sucios y muertos de cansancio, y nos dejaban ir a un arroyo de montaña cercano para chapotear y lavarnos. El agua estaba helada.

El primer verano conocí a un chico del pueblo que era de mi edad y con quien todos los años pasaba el tiempo explorando la zona. Un día encontramos un cementerio cubierto de árboles y me dijo que ahí había fantasmas que salían todas las noches. Me dio miedo, pero nos retamos a entrar. Ninguno de los dos era capaz de reunir el valor suficiente por sí solo, así que entramos juntos. En el centro del cementerio había un gran peral cargado de enormes frutos. No podíamos alcanzarlos, por lo que encontramos algunas piedras y golpeamos las ramas para sacudir unos cuantos. Las peras eran dulces y jugosas y me gustaron mucho. En casa teníamos todo tipo de fruta en nuestros huertos, pero la fruta del huerto de otro siempre sabía mejor. Volvimos con frecuencia al cementerio.

Mi último viaje a la granja fue en el verano de 1938, cuando tenía nueve años. Mi visita se vio interrumpida a mitad del verano cuando mi tío Herman me llevó con urgencia a la estación de tren y me envió de vuelta a casa. Checoslovaquia estaba bajo la amenaza de invasión de la Alemania nazi y la situación se había vuelto inestable. Nunca volví a ver a la familia de mi madre. A los nueve años no entendía del todo lo que estaba ocurriendo, pero me di cuenta de las crecientes tensiones en mi pueblo natal. Como vivíamos tan cerca de Hungría, había que patrullar las calles por la noche y el ejército checoslovaco se había desplazado para reforzar la frontera. De niños, nos entusiasmaba ver a los soldados con todo su equipo y no nos dábamos cuenta de los peligros que nos acechaban.

Capítulo 3
Grandes cambios

Gracias al Tratado de Versalles, Checoslovaquia se estableció como democracia. Su población estaba conformada por cuatro grupos étnicos: los checos, los eslovacos, los húngaros y los alemanes de los Sudetes. Las lenguas oficiales eran el checo y el eslovaco, pero cada grupo étnico-regional hablaba su propia lengua (incluido el alemán o el húngaro en algunas regiones). Nosotros vivíamos en la parte oriental del país y hablábamos húngaro en casa y eslovaco en la escuela. Venerábamos a Tomás Garrigue Masaryk, presidente de Checoslovaquia de 1919 a 1935. Cuando falleció en 1937, una era murió con él. En particular, el pueblo judío perdió a un presidente bajo cuyo liderazgo había florecido durante 17 años dorados.

Poco después de la muerte de Masaryk, estalló la desobediencia civil en la región de los Sudetes, en la frontera con la Alemania nazi, y Hitler aprovechó este conflicto civil para arrebatarle los Sudetes a Checoslovaquia. En 1938 convocó a los líderes de Gran Bretaña, Francia e Italia a la Conferencia de Múnich para hacer realidad la anexión alemana de los Sudetes. Nuestro propio presidente, Edvard Beneš, fue excluido de la reunión, por lo que el destino del territorio se decidió sin su participación y contraviniendo el Tratado de Versalles, que establecía que Gran Bretaña, Francia e Italia acudirían en ayuda de Checoslovaquia si sus vecinos la amenazaban. Pero Hitler había amenazado con la guerra a menos que aceptaran que Alemania se anexionara la región, así que accedieron. Resultaba irónico que dos democracias, Gran Bretaña y Francia, se deshicieran de un país democrático para apaciguar a un dictador. El destino del país se decidió de un plumazo. No se disparó ni una sola bala durante la contienda, pero abrió las puertas a la Segunda Guerra Mundial.

A su regreso a Gran Bretaña, el primer ministro Neville Chamberlain proclamó el acuerdo que había firmado con Hitler y los demás líderes y declaró que era una garantía de "paz para nuestro tiempo". En su diario escribió que no tenía intención de ir a la guerra por un país lejano cuyo nombre ni siquiera podía pronunciar. Los franceses no se dieron cuenta de que habían firmado la renuncia a sus defensas orientales, y en París corrió el champán para celebrar la paz con la Alemania nazi. Seis meses después, el 15 de marzo de 1939, las tropas alemanas cruzaron la frontera checoslovaca y tomaron el control de Praga. Checoslovaquia dejó de existir y el país se dividió en tres regiones: Bohemia y Moravia se convirtieron en el protectorado del Reich alemán, supervisado por el lugarteniente de Hitler, Reinhard Heydrich; se creó el estado autónomo fascista de Eslovaquia bajo el liderazgo de un sacerdote católico romano, el doctor Jozef Tiso; y la parte oriental del país, habitada por personas de habla húngara, fue entregada a Hungría bajo el liderazgo fascista del regente Miklós Horthy. La población judía checoslovaca quedó sumida en un profundo temor.

Un día de 1938, unos diez amigos de mi padre vinieron a casa para escuchar un importante discurso de Adolf Hitler en la radio de cristal de mi padre. Todos entendíamos alemán básico y escuché las palabras de Hitler cargadas de veneno que salían de la caja. En un momento dado dijo: *Wir werden die Juden ausradieren* ("Vamos a erradicar a todos los judíos de Europa"). Mi padre y sus amigos parecían conmocionados por esta declaración, y yo sentía en mis entrañas que algo terrible iba a ocurrir.

De hecho, la vida tal como la conocíamos estaba a punto de cambiar de un modo que jamás habríamos podido imaginar. En marzo de 1939, cuando yo tenía diez años, la burocracia eslovaca de nuestra ciudad fue desmantelada y los fascistas húngaros tomaron el poder. Nos enseñaron a cantar el himno nacional húngaro para prepararnos para el nuevo régimen. Ya no había escuela porque los profesores eslovacos se habían ido, y la gente del pueblo se preparó para recibir a la nueva autoridad erigiendo una gran puerta de la victoria con un cartel que decía: "Bienvenidos, nuestros liberadores húngaros". Por las calles y en las casas se desplegaron banderas de Hungría y cintas rojas, blancas y verdes. Los judíos no podíamos prever lo que estos cambios significaban para nosotros y, como niño, no fui consciente de los peligros más profundos hasta unos días después de la llegada de las tropas húngaras, que traían consigo una ideología abiertamente antisemita.

Para los judíos como nosotros, la lealtad a este nuevo régimen significaba que teníamos que sucumbir a una ideología fascista que nos era ajena y hostil. Sin embargo, teníamos que encontrar la manera de congraciarnos con este cambio. Mi abuelo, por ejemplo, me llevó al ático, donde guardaba su viejo uniforme de oficial de caballería de la época del Imperio austrohúngaro. Limpiamos la ropa, cepillamos y lustramos las botas y colocamos todas sus medallas. Me pareció una figura imponente con ese uniforme. Todos los veteranos judíos que habían luchado en la Primera Guerra Mundial del lado del Imperio austrohúngaro se reunieron con sus uniformes frente a la puerta de bienvenida para mostrar su antigua postura húngara. En ese entonces era yo demasiado pequeño para comprender el significado de lo que estaba sucediendo. Vi a los adultos judíos de nuestro pueblo tratando de adaptarse a la nueva realidad, pero ocultaban sus miedos más profundos al verse de repente arrojados a un sistema fascista hostil, sabedores de su vulnerabilidad como judíos.

Después de esperar varias horas en el centro de la ciudad, nos informaron que por fin llegaban las tropas húngaras. A la distancia observamos una columna de soldados, encabezada por un oficial montado a caballo, que marchaba lentamente hacia nosotros. Contemplé a los soldados a su paso y su aspecto no me impresionó. Sus uniformes estaban sucios y llenos de remiendos, nada que ver con los del ejército checoslovaco, siempre impecable.

La multitud gritó y todos cantaron el himno húngaro mientras la columna militar marchaba hacia la plaza del pueblo. Ahí el comité de bienvenida entregó de manera oficial nuestra ciudad checoslovaca a la nueva administración húngara. Terminada la ceremonia, los soldados fueron despedidos y se les permitió pasear por la ciudad. Se dirigieron a las tabernas, donde la gente les dio comida y otras provisiones. El establecimiento de mi padre, La Bodega, tenía un gran cartel que decía: "Bebidas gratis para nuestros libertadores". En apenas un par de días el inventario de mi padre se agotó y no pudo permitirse continuar con esta generosidad.

Se apostaron soldados húngaros como guardias en varios caminos que entraban en la ciudad como si viviéramos en una zona de guerra. Experimenté mi primer encuentro con el odio a los judíos bajo el dominio húngaro cuando crucé el pueblo por las vías del tren y me detuvo un guardia que reconoció mi gorra como judía. Me gritó: "Sucio judío, ¿adónde vas? Deberías quitarte la gorra cuando me veas". Cuando le conté a mi padre este encuentro, me preparó botellitas de aguardiente para que se las diera a los guardias al pasar por sus puestos, lo que me permitió llegar a mis destinos sin ser molestado a partir de ese momento.

Con la nueva administración, nuestra ciudad se vio de repente inundada de compradores procedentes de Hungría. Venían en bicicleta, en carretas o a pie a comprar artículos de jardinería, ferretería, zapatos y cualquier otra cosa que no habían visto en mucho tiempo. Me sentí abrumado por todos esos extraños que compraban todo lo que encontraban. Poco después llegaron los gendarmes (policías), junto con nuevos maestros y burócratas, y nuestro pueblo se convirtió en la sede de la provincia de Abaúj-Szántó. La nueva moneda era el *pengö* húngaro, que sustituyó a la corona checa.

Empezaron las clases y conocimos a nuestros nuevos profesores húngaros. Nos enseñaban en húngaro y el eslovaco ya no se hablaba oficialmente en nuestra región. Los negocios y las tiendas judías funcionaban lo mejor que podían, pero los tenderos no podían reponer los productos que se agotaban porque los proveedores estaban ahora del otro lado de la frontera, en el protectorado nazi. En medio de todos estos cambios, de pronto nos dimos cuenta de que la familia de mi madre vivía ahora en la Eslovaquia fascista y nosotros estábamos en la Hungría fascista. Podíamos comunicarnos por correo, aunque no podíamos viajar al otro lado de la frontera, lo que significaba que mis vacaciones de verano con mi abuela, mis tíos y mis primos eran ahora solo un recuerdo.

Con todos estos cambios, los judíos nos sentíamos condenados al ostracismo. El odio hacia nosotros empezó a aflorar de muchas maneras: insultos, peleas con otros niños y periódicos llenos de propaganda sobre los judíos que llegaban a Hungría desde el este (Ucrania). A los judíos del este se les representaba con narices ganchudas y barbas, ataviados con ropas negras y sucias y llegando en hordas para poner en peligro la vida de las poblaciones locales. Una historia, titulada *Tarnopolbol Indult El (Salió de Tarnopol)*, buscaba convencer a la población húngara de que los judíos eran una amenaza de la que había que desconfiar. Si se repiten suficientes veces, las mentiras se convierten en una "verdad" que la gente cree. Hasta yo me sentía confundido y avergonzado por la caracterización, porque era opresiva, unilateral y deshumanizadora. No quería que me señalaran de una forma tan negativa. Traté de aislarme de la horrible e hiriente retórica, pero era una carga diaria constante.

En retrospectiva, veo cómo las presiones negativas asaltaban de forma continua nuestra vida cotidiana, de modo que tuvimos que acostumbrarnos a vivir con esta adversidad. La comunidad judía intentaba mantener la esperanza de que esta persecución pasaría con el tiempo, y nos reuníamos para hacer la vida más llevadera, a pesar de la adversidad. Eran los padres quienes lidiaban con muchas de las nuevas tensiones, pero al menos nuestra familia seguía intacta. Apenas era 1939 y por delante teníamos muchos obstáculos desconocidos e impensables. Pero solo podíamos vivir un día a la vez, y cada uno de esos días llevaba más de su cuota de sufrimiento.

CAPÍTULO 4
LA VIDA BAJO EL DOMINIO HÚNGARO

Cuando empecé el quinto año de escuela en septiembre de 1939, la burocracia húngara ya tenía el control total de las oficinas de la ciudad. Todos los niños debíamos llevar una gorra de la Marina con el escudo húngaro y saludar a los oficiales y profesores que nos encontráramos por la calle. Los nuevos profesores húngaros eran notablemente más estrictos, sobre todo con los alumnos judíos. Yo sentía una presión adicional, no solo por ser judío, sino porque padecía un trastorno de déficit de atención y me aburría fácilmente con las asignaturas que me resultaban complicadas, como matemáticas y gramática. Me gustaban la geografía, la historia y el arte, y aunque me encantaba la música, no conseguía aprender a leer la notación musical.

Durante los cambios de profesor, con frecuencia desahogábamos la presión aventando crayones, esponjas y otras cosas por el salón de clases. Por supuesto, este comportamiento siempre era anotado y reportado por el siguiente profesor. Como castigo, nos enviaban con el maestro de educación física que, después de las clases, nos ordenaba hacer cientos de saltos y lagartijas en el patio del colegio. A los que no aguantábamos el ritmo nos pegaba con un palo.

En 1940 el gobierno publicó nuevos edictos en la ciudad dirigidos especialmente a la comunidad judía. Ya no se nos permitía usar radios y se nos ordenó llevar nuestros aparatos de cristal al

Mi familia en 1940: Alfred (izquierda), mi madre, yo, mi padre y Eugene.

ayuntamiento y entregarlos. Sin radios, estábamos aislados del mundo y solo podíamos informarnos a través de los diarios censurados por el gobierno. Hubo un edicto que afectó a mi familia de forma particular: prohibía a los judíos vender alcohol y tabaco. Cuando el negocio de mi padre fue confiscado sin indemnización alguna, él perdió su principal fuente de ingresos y toda su mercancía fue entregada a las autoridades, junto con la llave de su establecimiento. Otro edicto opresivo decretó que todas las familias judías fueran fotografiadas por la policía, y estábamos seguros de que esas fotografías se utilizaban como herramienta de vigilancia. En la escuela un oficial organizaba desfiles militares semanales. A los alumnos judíos siempre nos colocaba al final de la columna y nos hacía llevar palas y rastrillos, mientras que los alumnos no judíos portaban armas de madera en la parte delantera. Al llegar al campo de tiro, los alumnos judíos tenían que limpiar, rastrillar y palear la zona en tanto los demás realizaban ejercicios con sus armas de madera. Marchando por el pueblo, era muy consciente de ser un ciudadano de segunda clase, y temía esta humillante sesión semanal en la escuela.

En 1941 todos los hombres judíos de 18 a 45 años, casados y solteros, fueron enviados a batallones de trabajo. Mi padre, mi tío y todos los demás fueron llevados a trabajar en minas, bosques e instalaciones militares del Frente Oriental. Tenían que empacar una mochila con ropa de invierno y botas, y pagaban su propio pasaje a sus destinos designados, dejando a sus familias a su suerte. Esto, por supuesto, suponía una dificultad física y económica para toda la comunidad judía, incluida mi madre, mis abuelos y todos los niños. De repente, mi mamá se convirtió en madre soltera de tres hijos, e hizo todo lo que pudo para cumplir todas las exigencias y ocultarnos sus preocupaciones. Nosotros, los niños, también teníamos que ayudar y hacer el trabajo que normalmente hacían los adultos. Toda la comunidad judía tenía que contribuir a las necesidades de sus miembros y solventar las necesidades de la vida, en particular de las familias indigentes. Nuestras clases de hebreo terminaron cuando nuestro profesor también fue llevado a los batallones de trabajo.

Los hombres de los batallones de trabajo no eran compensados por sus labores, y solo se les concedía un permiso de una semana una vez al año. Cuando llegaban a casa para esa visita, era un gran acontecimiento. Y cuando tenían que marcharse de nuevo, era una despedida muy triste. Cuando tenían que regresar a sus batallones, todas las casas se ocupaban durante días, preparando comida y provisiones para ayudar a mantenerlos mientras estaban fuera. Con mi padre y mi tío fuera, mi abuelo se encargaba del trabajo diario y de la moral en mi casa. La ausencia de nuestros hombres me sacudió mucho durante Rosh Hashaná (el Año Nuevo judío), cuando en la sinagoga solo había ancianos, mujeres y niños.

Otro edicto decisivo prohibía a los judíos emplear a no judíos, lo que significaba que Anna, nuestra ayuda de casa, ya no podía estar con nosotros. Como se negó a dejarnos, los gendarmes vinieron a sacarla por la fuerza de nuestra casa. El antisemitismo volvió a levantar su fea cabeza cuando, a finales de 1941 y principios de 1942, se culpó a la población judía por los soldados heridos que regresaban del frente ruso (algunos amputados). Los judíos fueron considerados responsables porque los húngaros afirmaban que todos los comunistas rusos eran judíos.

En la primavera de 1942 recibimos la noticia por telegrama que nos informaba que todos los miembros de la familia Friedman, los parientes de mi madre, habían sido deportados de Eslovaquia a un destino desconocido. No teníamos forma de comunicarnos con ellos ni de averiguar dónde se encontraban. Mi madre estaba devastada, y yo pensaba en todo el tiempo que había pasado con ellos durante mis vacaciones de verano, en especial con mis dos primas, Edith y Lily, que eran casi de mi edad. Era impensable que pudieran sacar a la gente de sus casas como si nada y desaparecieran de repente. Por el comportamiento de mi madre, me di cuenta de que la noticia le pesaba mucho y la llenaba de preocupación. No tenía ni idea de lo que le había ocurrido a su madre, a sus hermanos, a sus tres hermanas y a sus respectivas familias.

Un día, meses después de su deportación, recibimos una postal que decía: "Nosotros, la familia Friedman, estamos aquí todos juntos. Trabajamos en granjas y esperamos su llegada. Familia Friedman". Otras familias de nuestro pueblo recibieron tarjetas similares, impresas con una gran águila alemana y un sello que decía: "Gobierno General del distrito de Lublin", el nuevo nombre de la zona de Polonia ocupada por los alemanes. Aunque las postales despertaron sospechas en algunos miembros de la comunidad, a mí me aliviaron de verdad. Me sentí esperanzado al saber que mis parientes estaban vivos meses después de haber desaparecido.

En agosto de 1942 unos cuantos de mis amigos llegaron a nuestro huerto a recoger fruta para sus familias. Mientras jugábamos y nos atiborrábamos de fruta, nos retábamos a ver quién era capaz de trepar a la cima de la copa de un alto nogal. Era una actividad arriesgada porque podías perder el punto de apoyo o un asidero en una rama y lastimarte en serio.

De pronto oí a mi perro Farkas ladrar ferozmente. Me percaté de que unos extraños habían entrado en nuestro jardín y nos estaba avisando de la intrusión. Entonces escuché que mi madre me llamaba para que volviera a casa. Cuando llegué, vi a dos gendarmes que leían un documento a mis abuelos, mi madre y mi tía. No podía imaginarme el contenido del documento, pero por la expresión de sus caras comprendí que se trataba de una situación grave. Era una orden para que mi madre, mi tía Irene, mis dos hermanos y yo empacáramos cada uno un bulto y nos preparáramos para salir de casa. A mis abuelos y a mi tía Bella los excluyeron de esta directiva. Mi abuelo suplicó a los gendarmes diciendo que mi madre y mi tía eran ciudadanas húngaras y que nuestra familia había vivido en la región durante muchas generaciones. Los gendarmes dijeron que se limitaban a cumplir órdenes. Mi abuela ayudó a empaquetar comida mientras mi madre recogía otras cosas necesarias para nuestra partida. Aprovechando una distracción de los gendarmes, mi abuelo les dio a mi madre y a mi tía Irene un puñado de dinero. Los gendarmes nos sacaron del patio; mi abuelo tuvo que sujetar a mi perro Farkas.

Yo tenía 13 años, Eugene diez y Alfred seis. Ahora éramos un grupo de cinco personas que viajábamos hacia lo desconocido, y nos sentíamos asustados e impotentes. Mi padre y mi tío Eugene seguían en el batallón de trabajo en el sur de Hungría, a cientos de kilómetros de distancia, y no tenían ni idea de lo que estaba ocurriendo. Los gendarmes nos llevaron a la estación de ferrocarril, donde otras 15 familias con sus bultos estaban también retenidas; en total éramos unas 80 personas. Nos metieron en un vagón de ganado abierto con dos gendarmes sentados con los pies colgando del borde. Nos empujaron y tratamos de acomodarnos lo mejor posible. No sabíamos adónde íbamos ni cuánto duraría el viaje.

La primera parada fue la ciudad de Kassa, a unos 60 kilómetros de distancia. Ahí engancharon nuestro vagón a otro transporte que ya llevaba varios carros cargados de gente. Reemprendimos el viaje y llegamos a una estación llamada Szatmár-Némety, en Transilvania. Apenas unos minutos después de nuestra llegada, aparecieron varios hombres y mujeres judíos locales que nos entregaron fruta, pan y agua. Fue un gesto maravilloso por su parte, ya que estábamos muy necesitados de alimentos, y me pregunté cómo se habían enterado de nuestra difícil situación. Pasamos toda la noche en el vagón. Solo teníamos dos cubetas para usar como retretes, y cuando se llenaban, alguien bajaba del tren y las vaciaba. Estar hacinados con tantas personas empezaba a cansarnos, y la falta de sueño y otras molestias empezaban a hacerse evidentes.

Al día siguiente viajamos en dirección noreste a lo largo del río Tisza, hacia los montes Cárpatos. A estas alturas, después de tres días en el vagón descubierto, las noches se sentían muy frías. Las personas mayores se lamentaban y los dolores las aquejaban, y todos añorábamos las comodidades del hogar y la libertad de movimientos. Nuestra siguiente parada, en plena noche, fue un lugar llamado Máramaros-Sziget. Desviaron el carro en el que viajábamos y pasamos todo el día siguiente sin movernos. Invadido por la ansiedad, empecé a preguntarme si sería mejor llegar adonde íbamos o quedarnos donde estábamos.

Por la noche el tren reemprendió la marcha y nos dimos cuenta de que volvía en dirección contraria. Llegamos de nuevo a Szatmár-Némety, en donde milagrosamente los ciudadanos judíos nos suministraron, de nuevo, comida y agua. Nos resultaba difícil comprender las maniobras de nuestros captores. Esperábamos volver a casa y nos llevamos una gran decepción cuando el tren una vez más se dirigió a Máramaros-Sziget. En esta ocasión, en la vía de al lado había un tren hospital militar cargado de soldados húngaros heridos procedentes del frente ruso. Recuerdo a un oficial todo vendado que nos gritó en húngaro y con una voz cargada de odio: "Judíos apestosos, nadarán en el río Dniéster como hojas caídas". Su arrebato me pareció aterrador y extraño.

El tren continuó su viaje a lo largo del río Tisza, junto a los montes Cárpatos, y por fin llegamos a una ciudad llamada Raho.

Llevábamos casi seis días de viaje y estábamos ansiosos por salir del vagón. Proseguimos hasta una pequeña estación llamada Körösmezo. Por fin pudimos recoger nuestros bultos y bajar del vagón. Éramos entre 800 y mil personas, y pronto la policía militar húngara tomó el mando. Nos ordenaron que empezáramos a subir por un camino empinado y pedregoso. Con mucha dificultad llegamos a una meseta montañosa que tenía varios galpones grandes y un aserradero. El lugar se llamaba Havasalya y estaba situado cerca del paso Tártaro, que conducía a Ucrania. La policía nos llevó a una zona en la que había largas mesas, donde nos procesaron y nos pidieron identificación. Revisaron nuestros bultos en busca de objetos de valor y dinero ocultos. Revisaron minuciosamente todas nuestras pertenencias, incluso las hombreras de nuestras chaquetas y el interior de las barras de pan. Golpearon a una familia por esconder un reloj de oro con una cadena y varios anillos; los descubrieron cuando un policía metió su bayoneta en un tarro de mermelada y sacó los objetos de valor escondidos.

Mi madre me había encomendado la tarea de ocultar nuestro dinero durante el viaje y yo lo había colocado dentro del forro de mis botas. Cuando vi a la policía inspeccionando meticulosamente a cada persona, le dije que temía que me descubrieran. Me dijo que actuara normal, pero noté su preocupación. Cuando llegó nuestro turno de ser inspeccionados, el oficial solicitó nuestros documentos y luego preguntó por el paradero de nuestros hombres. Mi mamá y mi tía le informaron que se encontraban en los batallones de trabajo, a lo que el oficial respondió simplemente: "Continúen". Respiré profundamente, aliviado.

Cuando hubieron procesado a todo el grupo, nos condujeron a tres galpones, donde nos acostamos unas 300 personas por cobertizo. El aserrín del suelo amortiguaba un poco mientras dormíamos: era más cómodo que el vagón de ganado. Pero durante el día el cobertizo era muy caluroso y sus paredes de madera lo hacían frío y con corrientes de aire por la noche. Buscamos un sitio para nuestra familia, el cual se convirtió en nuestro hogar durante las dos semanas siguientes. No había agua en el lugar y teníamos que acarrearla en cubos desde bastante lejos, vigilados todo el tiempo por los gendarmes. El río Tisza venía de las montañas, era transparente y estaba helado. El agua solo nos alcanzaba para beber, nunca nos quedaba suficiente para bañarnos o lavar la ropa. Nuestras raciones de comida consistían en un tazón de sopa al día; aquellos que tenían dinero podían comprar una hogaza de pan de centeno negro redondo, del tamaño de un panecillo káiser, a los rutenos locales que venían al área donde llenábamos nuestros cubos. Ahora el dinero que había escondido era una bendición que nos permitió mantenernos y a otros necesitados en las semanas que estuvimos ahí. Pagábamos mucho por este pan y el intercambio tenía que hacerse de forma clandestina, cuando los guardias no estaban a la vista.

Las familias que nos precedieron habían escrito sus nombres en las tablas de madera que formaban la pared del cobertizo. El nombre de cada familia estaba escrito, junto con el día de su partida y el nombre de su destino: Kamenets-Podolsky. Miles de nombres de transportes anteriores estaban garabateados en las paredes. Cada uno era como un marcador de vida, una declaración para recordar al mundo que esas personas habían vivido.[1]

Al final de la segunda semana, nos reunieron a todos y el capitán al mando, un oficial húngaro con bigote que montaba un gran caballo, nos dijo que al día siguiente nos llevarían en camiones a nuestro lugar de trabajo en Kamenets-Podolsky, y que deberíamos estar delante de nuestro galpón con nuestros bultos a primera hora de la mañana siguiente. Escribimos nuestros nombres en las paredes, igual que los demás antes que nosotros, y mi madre aligeró la carga eliminando de nuestras pertenencias todo lo que no fuera útil.

A la mañana siguiente nos subieron a un convoy de camiones bajo la supervisión del Kommandant. Nos deseó un buen viaje

---

[1] En agosto de 1941, 23 mil judíos, en su mayoría húngaros, fueron asesinados por los Einsatzgruppen nazis, el primer asesinato masivo de judíos a manos de los nazis en la Segunda Guerra Mundial.

y dio la orden de que los camiones se pusieran en marcha. Era sábado por la mañana y los camiones se esforzaron por continuar el ascenso hasta llegar al paso Tártaro. Desde ahí, el camino descendía gradualmente. Ahora estábamos en la Ucrania ocupada por los alemanes.

De pronto alguien en mi camión gritó que el Kommandant se acercaba por detrás a todo galope. Cuando nos alcanzó, ordenó a nuestro conductor que se detuviera y repitió el proceso hasta alcanzar al camión de la vanguardia. Entonces anunció que, después de todo, no íbamos a Kamenets-Podolsky, sino a casa. No estaba seguro de haber oído bien y tardé un rato en asimilarlo. Todos celebramos y empecé a pensar con alegría en mi casa, mis abuelos, mis perros y la vuelta a la vida normal.

El Kommandant nos dijo que bajáramos de los camiones con nuestros bultos, volviéramos a pie hasta el aserradero y continuáramos montaña abajo hasta la estación de ferrocarril de Körösmezo, donde nos esperaba un tren. Nos dijo que tendríamos que comprar nuestros propios billetes para el viaje, y que los que tuvieran dinero tendrían que pagar por los que no lo tuvieran. Después de comprar los boletos para los demás, mi familia se quedó con muy poco dinero. Pero éramos un grupo feliz y el camino que teníamos por delante era una rápida bajada hasta el tren.

Nuestro grupo de unas 800 personas ocupaba todo el tren. Esta vez no íbamos en un vagón de carga y nos sentamos en asientos como la gente normal. Éramos un grupo sucio y maloliente y nadie llevaba ni una prenda limpia, pero estábamos contentos. En la primera parada, tuvimos tiempo de lavarnos las manos y la cara con un poco de jabón que mi madre había conseguido comprar. A mitad de nuestro viaje de tres días a casa, decidió que nos bajaríamos en un pueblo llamado Csap, donde teníamos parientes. Mamá no quería que llegáramos a casa oliendo y luciendo como estábamos. Nos despedimos de nuestros amigos en el tren y caminamos hasta la casa de nuestros parientes. Al ver nuestra condición y escuchar la historia de nuestro terrible viaje, se quedaron estupefactos. Nos dieron ropa limpia y una buena comida y fue maravilloso dormir en un colchón de paja limpio en el suelo.

Mamá telegrafió a mi abuelo diciéndole que estábamos de camino a casa y la hora aproximada de llegada. Al día siguiente, dimos las gracias y nos despedimos de nuestros parientes y nos dirigimos a la estación para tomar el tren. El viaje a casa se me hizo eterno y las horas me parecieron días. Pasé el tiempo pensando en las historias que contaría a mis amigos sobre nuestras aventuras de las últimas tres semanas. También pensé en la importancia de la familia y el hogar, y me prometí no volver a quejarme por tonterías.

Cuando el tren se detuvo en nuestra ciudad, tomamos nuestras pertenencias, bajamos y empezamos a caminar hacia nuestra casa. Al llegar a un recodo de la carretera, pude ver nuestra casa, la vista más hermosa. Al aproximarnos, Farkas salió volando por la puerta a toda velocidad. Cuando nos alcanzó, se detuvo bruscamente, se levantó sobre sus patas traseras y me lamió toda la cara. Nos saludó a todos por turnos y tenía un corazón increíble.

Mi abuelo y mi abuela nos esperaban en el patio; estábamos felices de volver a verlos. Tenían lágrimas en los ojos y nos abrazaron a todos. Corrí a saludar a la tía Bella y fue un reencuentro muy emotivo para todos. Había un aroma maravilloso a paprikash de pollo cocinándose en la estufa y mi abuela había llenado la mesa de ensaladas preparadas especialmente para nuestro regreso. Disfrutamos tanto de la comida que apenas podía llenar mi estómago. Después de comer, salí a echar un vistazo al patio, donde todas las gallinas, patos y gansos rascaban en busca de comida. El huerto estaba lleno de frutas maduras y abracé cada uno de los árboles. Éste fue uno de los momentos más felices de mi vida.

Muchos de mis amigos que no habían sido deportados vinieron y fuimos a nadar al río Bodvou. Estaba emocionado de verlos y ellos estaban ansiosos por escuchar las historias de nuestro viaje. Varios días después, mi padre y mi tío llegaron a casa y la familia volvió a estar completa. El día que nos deportaron mi abuelo les envió un telegrama explicándoles nuestra situación.

Pidieron permiso al batallón de trabajo para volver e intentar encontrarnos, pero se los negaron. Dos semanas más tarde su unidad fue trasladada a una nueva localidad y pudieron escaparse. Volvieron a casa y hablaron con el abuelo sobre dónde nos podrían haber llevado. Fueron de estación en estación preguntando si alguien había visto un transporte de judíos en vagones de ganado y reunieron valiosas pistas sobre qué dirección podríamos haber tomado. Dos días después de que volviéramos a casa llegaron a Korösmezo. Por fin consiguieron alcanzar el tren y descubrieron que nos habíamos bajado el día anterior en Csap. Al llegar a Csap, se enteraron de que ya nos habíamos ido a casa. Por fin nos alcanzaron: estábamos felizmente reunidos.

Muchos años después leí, en un libro sobre las deportaciones húngaras de 1942, que el gobierno, que ya había ordenado la deportación de unas 40 mil personas judías, había discutido si permitir que el último grupo, nuestro transporte, fuera a su destino final. Nos desviaron de un lado a otro mientras los políticos debatían. Al final, decidieron no proceder con nuestra deportación, así que de milagro nos salvamos de la muerte. Más tarde supe que los 40 mil deportados anteriores fueron llevados a Kamenets-Podolsky por la policía militar húngara y asesinados por las Einsatzgruppen, las unidades móviles de exterminio de los nazis, en las orillas del río Dniéster.

Me había perdido las dos primeras semanas de clase y cada vez me costaba más trabajo adaptarme a la disciplina escolar. A esas alturas, todos los alumnos judíos teníamos que sentarnos al fondo de la clase. Tanto los alumnos como los profesores nos insultaron. Mis amigos y yo nos sentíamos humillados y marginados del resto de nuestros compañeros, con los que antes éramos iguales. No podía concentrarme y aún estaba asimilando en mi cabeza los acontecimientos del mes anterior. Más tarde el colegio comunicó a mi madre que me expulsarían por mi falta de disciplina.

Me sentí avergonzado, pero también contento. Esta nueva situación me daba tiempo para cooperar en las tareas domésticas, ayudar a mi abuelo en el aserradero y leer mucho.

A las pocas semanas de esta rutina, mi madre se dio cuenta de que no estaba aprendiendo nada productivo para mi futuro, así que decidió llevarme en tren a Kassa, donde sus primos regentaban un pequeño restaurante *kosher*. Había bastantes comerciantes que eran clientes fijos del restaurante. Un hombre tenía una peletería y le preguntaron si podía aceptarme como aprendiz. Mi madre y yo fuimos a ver al dueño y me contrató. Trabajaría como aprendiz sin sueldo los dos primeros años de formación y después recibiría un pequeño salario. Mamá se encargó de que durmiera en casa de mis primos y comiera en el restaurante. Se acordó que empezaría el domingo siguiente por la mañana y nos fuimos a casa para empacar mi ropa.

Ese domingo por la mañana tomé el tren a Kassa, una hermosa ciudad con una población de más de 100 mil habitantes y una vibrante comunidad de 16 mil judíos. Había dos sinagogas grandes y muchas más pequeñas, así como varias escuelas hebreas para atender las necesidades de la comunidad judía. Había también una gran catedral, un teatro de ópera y una línea de tranvía. En la calle principal se alzaban hermosas tiendas, edificios de departamentos, así como hoteles con cafeterías. Para mí era muy emocionante formar parte de la vida de la ciudad, pero al mismo tiempo sentía cierta aprensión. Tenía apenas tenía 13 años y medio y me enfrentaba solo a una nueva aventura.

Aquel primer día dejé la maleta en el restaurante y caminé hasta la tienda de pieles, que estaba cerca. El dueño me puso bajo la tutela de un joven de 18 o 19 años que estaba en su cuarto año de aprendizaje. Este joven se convirtió en mi maestro, y yo, como nuevo aprendiz, tenía que seguir sus órdenes. La peletería era bastante grande, con un escaparate y un taller detrás. Había alrededor de diez trabajadores dedicados a distintas tareas: unos cortaban pieles de cordero persa, visón o zorro, y otros las cosían. Había tres chimeneas para mantener caliente el taller en invierno.

Por las mañanas, mi trabajo consistía en quitar las cenizas y las brasas y en encender un nuevo fuego. Durante el día, tenía que continuar echando carbón para mantener las llamas encendidas. Por las noches barría, quitaba el polvo, cubría las máquinas de coser y hacía cualquier otra limpieza que fuera necesaria. El trabajo más pesado era el de limpiar los abrigos de piel que traían para reparar. El proceso de limpieza requería que mezclara aserrín con benceno en un balde. Los abrigos se colocaban sobre una mesa y yo tenía que tomar puñados de esta mezcla y esparcirla sobre la piel, frotándola centímetro a centímetro hasta que los abrigos brillaran. El benceno me resecaba la piel y hacía que mis manos se agrietaran y sangraran. Era muy doloroso, y cuando mi madre vio lo dañadas que tenía las manos, me compró guantes de algodón para protegerme.

Una vez que conocí mejor la ciudad, me confiaron la entrega de las pieles a distintos clientes. Cada abrigo llevaba una etiqueta con el nombre, la dirección y el número de departamento. Con los abrigos de piel en los brazos, me subía al tranvía, me bajaba en las diferentes paradas y tocaba el timbre de los distintos departamentos. Cuando entregaba los abrigos, me daban alguna propina por mis servicios, lo que me proporcionaba algo de dinero para gastos y una sensación de independencia. Unos seis meses después de empezar a trabajar, mi jefe (el aprendiz mayor) empezó a enseñarme a coser piezas de piel. También me enseñó a reconocer y combinar los distintos dibujos y colores para que el abrigo acabado pareciera una pieza uniforme y no una prenda hecha con remiendos.

Todos los viernes a las dos de la tarde tenía permitido volver a casa para el *sabbat*. En mi maleta echaba la ropa sucia, iba a la estación y tomaba el tren a casa. Los viernes por la noche me reunía con mis amigos en la sinagoga y les contaba mis aventuras en la gran ciudad y cuánto dinero había ganado en propinas esa semana. Mi aprendizaje duró aproximadamente dos años, hasta marzo de 1944.

Capítulo 5
Un año de muertes y nacimientos

Durante el invierno de 1943, tía Bella cayó enferma. Ya no podía sentarse en su silla porque tenía una infección en los muslos causada por permanecer sentada casi durante 40 años. Estaba postrada en cama y la infección no tardó en extenderse, lo que le causó otros graves problemas. El primo hermano de papá, el doctor Emil Davidovits, un médico muy conocido en Kassa, venía dos veces por semana para atenderla, pero tenía muy claro que no se curaría. En mayo entró en coma y murió una semana después en casa.

Me daba mucha tristeza verla acostada y tapada con una sábana en las habitaciones de los abuelos. Era el primer miembro de mi familia cuya muerte había vivido. La sociedad de entierros de las mujeres acudió a lavarla y a ponerla en un sudario. Mi abuelo, mi padre y mi tío hicieron un sencillo ataúd de madera y depositaron ahí su cuerpo. Lo cargaron en un carro tirado por caballos y lo llevaron al cementerio, seguido de una procesión de familiares y amigos. Pero, por alguna razón que desconozco, no se permitía la presencia de niños. La muerte de Bella dejó un gran vacío en nuestras vidas y mis hermanos y yo sentimos una tremenda pérdida con su fallecimiento. Extrañaba sentarme en su regazo y escuchar las historias que solía leernos, como había hecho durante tantos años. En retrospectiva, me siento aliviado de que se librara de los acontecimientos que aún estaban por venir.

Mientras asimilábamos la muerte de tía Bella, se hizo evidente que mi madre estaba embarazada de unos cinco meses. Al principio tuve sentimientos encontrados, porque habría una gran diferencia de edad entre el bebé y yo. También me preocupaba cómo íbamos a cuidar de otro miembro de la familia sin la ayuda de Anna. Nunca estaba en casa durante la semana y mi padre se había reincorporado a los batallones de trabajo. Estábamos al límite, aunque yo no tenía nada que decir al respecto.

El 28 de junio de 1943 empezó el trabajo de parto y me pidieron que fuera a buscar a la comadrona y luego al doctor para avisarle que lo necesitaban. Vi a mi abuela y a mi tía Irene calentando agua en ollas y llevando ropa blanca a la habitación de mi madre para preparar todo. El parto y el alumbramiento fueron difíciles, pero unas horas después nos dijeron que podíamos entrar a ver al nuevo bebé. Era una hermosa niñita de pelo castaño y ojos oscuros y se llamaba Judit. Aunque estábamos contentos, fue un momento de gran revuelo para nosotros y nuestra comunidad. No era un buen momento para que una madre judía diera a luz o naciera un niño judío.

En diciembre de 1943 celebramos Janucá, la fiesta de las luces. Papá logró volver a casa para celebrarlo con nosotros en un año en el que habíamos perdido a nuestra querida Bella y habíamos dado la bienvenida a nuestra hermana pequeña, Judit. No podíamos saber que sería el último Janucá que celebraríamos juntos en nuestro hogar.

Capítulo 6
El último Séder

Era 1944 y estábamos en el quinto año de la guerra. Habíamos enfrentado innumerables dificultades durante los años anteriores: intolerancia, ser tratados como ciudadanos de segunda clase, la ausencia de una cultura de paz, la ausencia de mi padre y de otros hombres jóvenes de la comunidad, nuestra propia fallida deportación, pero manteníamos la esperanza de que la guerra acabaría pronto. La ropa y los alimentos estaban muy racionados. Debíamos entregar a las autoridades todo el metal de desecho para que lo utilizaran en la guerra y los anaqueles de las tiendas estaban vacíos de productos básicos como azúcar, sal y otros condimentos. En retrospectiva, los judíos húngaros seguíamos viviendo en una feliz ignorancia en medio de todos estos inconvenientes. No éramos conscientes de la tragedia que se había abatido sobre otros judíos europeos, aquellos que fueron trasladados en vagones de ganado a los seis campos de exterminio de la Polonia ocupada o fusilados en fosas y barrancos de Ucrania y Bielorrusia a manos de los Einsatzgruppen.

En marzo de 1944, el partido fascista Cruz Flechada llegó al poder en Hungría; su líder, Ferenc Szálasi, odiaba con virulencia a los judíos. Nuestra comunidad enfrentaba ahora problemas críticos y las autoridades aplicaban de forma estricta el edicto de que todos los judíos debíamos portar una estrella de David amarilla en el pecho. Llevarla me hacía sentir degradado y excluido.

Ahora éramos una minoría visible, lo que añadía una pena extra a nuestras calamidades. A pesar de ello, nos concentrábamos en el próximo día sagrado de Pésaj (Pascua judía). Por algún milagro, a mi padre y a mi tío les dieron una semana de permiso de su batallón de trabajo en esta época tan especial.

Los preparativos para la Pascua judía comenzaban aproximadamente un mes antes de la primera cena, conocida como Séder. La casa se limpiaba y fregaba de arriba abajo, se colgaba toda la ropa afuera para que se aireara y se daba vuelta a los bolsillos para asegurarse de que no quedaban rastros de pan ni migajas. Durante ocho días comíamos matzá (una galleta delgada) en lugar de pan con levadura para conmemorar la huida de los israelitas de Egipto, cuando la masa de pan que hacían no tenía tiempo de subir. Teníamos una vajilla especial que solo se utilizaba en Pascua y la bajábamos del ático para lavarla y limpiarla. A diferencia de otras familias, disponíamos de abundante comida de nuestra granja, incluidos pollos y gansos. Había un delicioso aroma a cocina y pan en las dos primeras noches, y recitábamos la historia del Éxodo, cuando los israelitas salieron de la esclavitud en Egipto a la libertad.

La cena ceremonial comienza siempre con cuatro preguntas que hacen los niños más pequeños: "¿Por qué esta noche comemos matzá, pan ácimo, y todas las otras noches del año comemos pan fermentado? ¿Por qué esta noche comemos hierbas amargas y todas las otras noches del año comemos todo tipo de verduras y hierbas? ¿Por qué esta noche mojamos todos los alimentos en la salmuera y todas las otras noches del año no? ¿Por qué esta noche nos reclinamos para comer y todas las otras noches del año no?". Después de las preguntas los ancianos responden. A lo largo de la historia, el pueblo judío ha sufrido persecuciones en todo el mundo, por lo que dedicamos tiempo a recordar estos acontecimientos. Al contar la historia del éxodo de Egipto, también invitamos a todos los que tienen hambre a que vengan a sentarse a nuestra mesa.

Siempre recordaré nuestro último Séder; está grabado con fuego en mi memoria. Recuerdo a toda mi familia sentada alrededor de una mesa magníficamente puesta: mi abuelo y mi abuela, mi papá y mi mamá, mi tío Eugene y mi tía Irene, mis dos hermanos pequeños, Eugene y Alfred, y la pequeña Judit en su cuna. Las velas ardían en sus candelabros, la bella vajilla estaba dispuesta y los cabezas de familia, mi abuelo, mi padre y mi tío, estaban reclinados en cojines para simbolizar la relajación y la liberación de la esclavitud en Egipto. Tras leer y cantar la historia, tuvimos una cena de varios platillos que duró unas cuatro horas. Fue nuestra última cena juntos.

Cuando todo estuvo recogido, lavamos los platos e hicimos los preparativos para el segundo Séder de la noche siguiente. Cerca de la medianoche, salimos al patio a tomar el aire antes de acostarnos. Era una noche tibia y los tres hombres mayores hablaban de la evolución de la guerra en el Frente Oriental. Confiaban que el ejército soviético nos liberaría en cinco o seis meses. Pensábamos que el final de la guerra estaba muy cerca y no teníamos ni idea de que algo terrible se cernía sobre el horizonte. Nos fuimos a dormir poco después de las 12 de la noche, con planes de levantarnos a una hora tranquila a la mañana siguiente, ir a la sinagoga y tomar la segunda cena Séder después de eso.

A eso de las dos de la madrugada, nos despertamos al oír que alguien llamaba a la puerta. Como de costumbre, las puertas estaban cerradas por la noche. Farkas, nuestro guardián, ladraba furioso. Era una intrusión inusual, y mi padre se asomó a la ventana para ver quién estaba ahí. Para entonces toda la casa se había despertado por la conmoción. Oí que alguien le decía a mi padre que fuera a abrir las puertas para poder entrar con sus caballos y su carreta. Dijo que era urgente hablar con mi padre, así que abrieron las puertas. El visitante resultó ser el guarda forestal de la zona; lo conocíamos bien y confiábamos en él. Cuando mi padre todavía era dueño de la taberna, este hombre era cliente frecuente y también tenía tratos comerciales regulares con mi abuelo. A estas alturas, todo el mundo estaba intrigado por la urgente necesidad que tenía el guarda forestal de hablar con nosotros, así que lo llevaron a casa de mis abuelos. Ahí nos dijo que acababa de llegar de la taberna, donde había oído a varios gendarmes decir que planeaban reunir a todos los judíos de la ciudad y sus alrededores y sacarlos de sus casas al día siguiente. Insistió en que subiéramos de inmediato a su carreta; él nos llevaría y nos encontraría un lugar seguro para escondernos en el bosque. Nos quedamos sin habla.

Los mayores hablaron de lo que ocurría y, tras una larga discusión, mi abuelo decidió que, por ser Pascua y sábado, no podíamos viajar a menos que nuestras vidas corrieran peligro inminente, y nadie podía imaginar semejante amenaza. El hombre nos suplicó, pero fue en vano. Al final se marchó y las puertas se cerraron tras él.

Entonces me quedé despierto en la cama. Sentía que teníamos que hacer algo, aunque las decisiones del abuelo eran ley y había que respetarlas. Los recuerdos de nuestra casi deportación en 1942 rondaban en mi cabeza. ¡No podía estar sucediendo de nuevo!

Cerca de las seis de la mañana del día siguiente, dos gendarmes forzaron las puertas y entraron en nuestras viviendas. A voz en cuello nos advirtieron que teníamos cinco minutos para empacar un bulto antes de llevarnos. Nos dijeron que entregáramos el dinero y las joyas, porque adonde íbamos no los necesitaríamos. Mamá tomó en brazos a mi hermanita pequeña y nos dijo que nos pusiéramos varias capas de ropa. Papá nos dijo que nos pusiéramos las botas de invierno y se fue a casa de los abuelos a ver cómo estaban. Metimos toda la comida que pudimos en mochilas. Mamá se preocupaba de qué llevar para mantener a una familia de seis miembros en un viaje de duración desconocida. Mientras tanto, los gendarmes nos acosaban y rebuscaban en nuestros armarios para ver qué podían quitarnos. Yo tenía varias carpetas llenas de mi colección de timbres postales y me daba tristeza dejarlas. Volví a pensar en la última deportación y me consumía el miedo a lo que pudiera suceder. Mientras tanto, Farkas no paraba de ladrar, como si supiera que algo terrible estaba ocurriendo.

En estos últimos momentos, nuestra vecina Ily, una señora cristiana que era una buena amiga nuestra, entró corriendo a casa.

Los gendarmes le gritaron que se largara, diciendo que no era asunto suyo, pero ella se negó a marcharse. Se volvió hacia mi madre y le dijo: "Ethel, ¿adónde te llevas a la niña? ¿Por qué no la dejas conmigo?". Mi madre no aceptó su ofrecimiento. Hoy me pregunto qué habría sido de Judit si mi madre hubiera accedido. De inmediato, los gendarmes sacaron por la fuerza a nuestras tres familias de la casa. Nos costaba trabajo llevar nuestros bultos y mi abuela apenas podía levantar el suyo. Al salir, me despedí, en silencio y desolado, de mi casa, del huerto y de Farkas. Mi instinto me decía que esta deportación sería más grave que la de 1942, porque esta vez nos llevaban a todos. ¿Quién cuidaría de nuestra casa mientras estuviéramos fuera?

Todos nuestros vecinos miraban mientras las tres familias Eisen caminábamos con nuestros fardos, escoltados por gendarmes. Algunos nos gritaban y escupían a nuestro paso. Caminamos hasta la escuela pública del centro de la ciudad, a un kilómetro aproximadamente. Así escoltaban delincuentes hasta la cárcel. Me sentía avergonzado: no habíamos cometido ningún delito. Cuando llegamos a la escuela, otras familias judías nos saludaron y, para cuando el día llegó a su fin, las 90 familias estábamos ahí. Hablábamos llenos de ansiedad, tratando de imaginar cuál podría ser nuestro destino. Los gendarmes nos dividieron en dos salones, con al menos 200 personas hacinadas en cada uno. Estábamos a solo 20 o 25 minutos a pie de nuestros hogares y de la comodidad de nuestras camas, pero en lugar de eso, ahí estábamos, sentados en el suelo de la escuela. Empezamos a darnos cuenta de que ya no éramos dueños de nuestro destino. Los gendarmes nos habían aislado del resto de la ciudad como si fuéramos parias.

Esa noche en la escuela fue la primera de muchas inquietantes noches que siguieron. Con más de 200 personas apretujadas en el suelo, era casi imposible ser cortés. Había quien intentaba dormir, pero había bebés llorando sin parar. La incomodidad del espacio y una sensación general de nerviosismo y miedo se apoderaron de la gente, y muchos se lamentaban. Las instalaciones de la escuela eran muy básicas: solo un baño comunitario y algunos baldes de agua para lavarse. Por la mañana, la gente se agitaba y trataba de ponerse en pie, pero cada centímetro de suelo estaba ocupado y no había lugar para moverse. Pensé en la comida de Pascua, en el café especial y en el desayuno que había estado esperando todo el año. Recordé el aroma que inundaba la casa cuando molían los granos. Durante todo el año había esperado este café genuino (el resto del año bebíamos café hecho con achicoria molida). Si estuviéramos en casa, pensé, estaría comiendo matzá partida en trocitos y cubierta con café caliente, leche y azúcar. Pero me encontraba en la escuela, con el estómago vacío y un día terrible por delante.

Por la mañana, los gendarmes nos dieron la orden de reunirnos con nuestros bultos en el patio de la escuela. Éste sería el primer paso en nuestro viaje desde la relativa libertad a la esclavitud y a un destino desconocido. Desde ahí, casi 500 judíos fuimos llevados en masa desde el centro de la ciudad hasta la estación de ferrocarril. Se le ordenó al rabino Tannenbaum, el líder espiritual de nuestra comunidad, que encabezara el grupo. Era un hombre mayor con una larga barba blanca, y su mujer, que era inválida, tuvo que ser llevada en una silla por sus dos hijos. Las madres tenían que llevar a sus bebés en brazos porque no se permitían los carritos ni las carriolas. A ambos lados del camino la gente del pueblo nos abucheaba y maldecía a nuestro paso. Muchos miraban desde las ventanas de las casas judías que ahora ocupaban. Pensé que era repugnante que nuestros vecinos se comportaran así. Muchos conciudadanos que compraban productos a crédito a judíos como mi abuelo se alegraban de no tener que devolver el dinero. Nuestra deportación fue una ganancia económica para ellos.

Al pasar por nuestra propiedad, pudimos ver que ya habían ocupado nuestra casa durante la noche. Farkas pareció intuir que estábamos entre el grupo y ladró a través de la cerca como si se despidiera. Para mí Farkas era más humano que la gente del pueblo, porque era el único al que parecía importarle que nos llevaran.

Para cuando llegamos a la estación de tren, algunos ancianos apenas podían mantenerse en pie. La estación era pequeña y apenas cabía nuestro grupo. Al final nos dijeron que subiéramos al tren con destino a Kassa. Todos teníamos miles de preguntas. ¿Cuándo íbamos a volver? ¿Volveríamos a ver a nuestros hogares de nuevo? ¿Volveríamos a vivir una vida normal? Después de una hora y media llegamos a Kassa y caminamos desde la estación hasta una sinagoga cercana con un gran patio. Ahí nos recibieron miembros de la comunidad judía y nos alojaron con familias judías de la ciudad. Mi familia fue a vivir con los padres de Emil Davidovitch, el médico que cuidaba de tía Bella. Vivían en un departamento de tres habitaciones en el que ahora se hacinaban diez personas más. Dormíamos en el suelo, en colchones que había que recoger por la mañana. Era difícil reponer la comida, pero nos las arreglábamos reduciendo nuestro consumo. Aunque ya no estábamos vigilados por los gendarmes, no nos permitían salir de la zona en la que vivíamos y deambular por la ciudad. Vivir en estas condiciones no era lo ideal y nos preguntábamos cuánto tiempo tendríamos que permanecer ahí.

Comenzaron a correr rumores por la comunidad de que estaban construyendo un lugar para alojar a los cerca de 30 mil judíos de nuestra provincia, pero no sabíamos muy bien dónde estaría ese sitio. La mitad de este número vivía en la propia ciudad de Kassa, y casi el mismo número en el resto de la provincia; por lo tanto, necesitarían una zona muy grande para alojarnos a todos. Una semana después de nuestra llegada comenzaron a aparecer avisos en los que se ordenaba a los judíos de varias calles que recogieran sus pertenencias y se dirigieran a pie a un aserradero situado en las afueras de la ciudad. Los afectados debían estar ahí el día señalado en el citatorio; la desobediencia acarrearía un duro castigo.

Este anuncio destrozó una vez más nuestra vida aparentemente segura, y ahora sabíamos que nos trasladaríamos a otro lugar desconocido. Cada día comprobábamos qué calles serían desalojadas, y cuando no veíamos la nuestra en la lista, sentíamos un poco de alivio. Pero sabíamos que teníamos que estar listos para mudarnos con un día de anticipación, por lo que teníamos que comprar por adelantado todas las provisiones que pudiéramos conseguir. Nuestra ropa tenía que estar limpia y teníamos que volver a evaluar cuánto seríamos capaces de llevar. Solo conservaríamos los artículos más importantes, porque el camino hasta la fábrica de ladrillos era de unos dos kilómetros. El periodo de espera fue muy angustioso, y reconsiderábamos una y otra vez lo que debíamos llevar y lo que debíamos dejar atrás.

Por fin publicaron la orden para nuestra calle. Recogimos nuestros bultos y nos despedimos de otro lugar que nos había albergado. Afuera, las calles estaban llenas de judíos, jóvenes y viejos, luchando con sus cargas, todos en la misma dirección. No se nos permitía tomar un taxi ni una carreta, así que tardamos varias horas en llegar a la fábrica de ladrillos. Entramos por una puerta custodiada por gendarmes y vimos a miles de personas deambulando de aquí para allá. Nos llevaron a un gran galpón donde se secaban los ladrillos. El polvo rojo cubría el áspero suelo y se levantaba sin cesar con los movimientos de la gente. Había cientos de personas en el cobertizo y ninguna posibilidad de intimidad, pero delimitamos una zona en la que construimos nuestro hogar. Mi padre, mi tío y yo salimos para familiarizarnos con la distribución del lugar. Incluso antes de verla, pudimos oler los terribles humos de la letrina comunal al aire libre, donde la gente se sentaba en una tabla en un precario equilibrio sobre una gran fosa llena de excrementos. Todo el lugar estaba rodeado de alambre de púas y vigilado por gendarmes.

Recibíamos un plato de sopa a diario. Parecía que solo había una llave de agua disponible para las necesidades de miles de personas. La comida que habíamos llevado disminuyó con rapidez y, como todos los demás, pronto comenzamos a pasar hambre. Para tratar de aliviarla, me reunía con regularidad con otros adolescentes en la puerta principal para ser voluntarios en tareas de limpieza. Cada día, los gendarmes elegían a unos 50 chicos para que marcharan a la ciudad a limpiar las antiguas zonas judías, a fin de que pudiera instalarse la población no judía. Por este trabajo nos daban un pedazo de pan. No recuerdo cómo atendía mi mamá a la bebé, pero aún le daba el pecho cuando llegamos a Kassa. Ya no podía cuidar de la familia como siempre lo había hecho y me preguntaba cómo se sentiría.

Estuvimos en esta horrible fábrica de ladrillos durante unas tres semanas. Todos los días, hacia el mediodía, llegaba un oficial de las SS y nos reuníamos para escuchar su discurso. Nos decía que nos reubicarían en el este, que nuestras familias estarían juntas y que trabajaríamos en granjas. Todos los días, durante cinco días, el oficial de las SS repetía el mismo discurso. Más tarde supe que ésta era una táctica de lavado de cerebro utilizada por los nazis para poder llevarnos en los vagones de ganado con facilidad. No veíamos la hora de salir de aquel horrible lugar y cualquier otra cosa sonaba mejor que donde estábamos.

Durante los discursos del oficial, pensaba con frecuencia en la familia de mi madre, que había sido deportada de Eslovaquia en 1942. La tarjeta postal que nos habían enviado decía que estaban todos juntos, que trabajaban en granjas y que esperaban con ansia nuestra llegada. Todos esperábamos encontrarnos con nuestros hermosos primos y nuestra extensa familia en el distrito de Lublin. En realidad, los nazis, esos maestros de la mentira y los artificios: nos habían engañado haciéndonos creer que nuestros parientes seguían vivos. Su verdadero objetivo era convencernos de que entráramos en los vagones de ganado con gusto y en paz. Para nosotros, que vivíamos en condiciones tan horribles en aquella fábrica de ladrillos, la promesa de un futuro trabajo en granjas espaciosas era una buena noticia.

CAPÍTULO 7
EL TREN

Durante la primavera de 1944, tres semanas después de que llegáramos a la fábrica de ladrillos, los nazis empezaron a desmantelar aquel campo de tránsito temporal. Varios transportes ya habían partido hacia el "este". Me eligieron junto con otros para limpiar los cobertizos donde se había alojado a los deportados. Encontré monedas y otros objetos que la gente había dejado; para mí solo las monedas tenían valor. A mi familia y a mí nos dijeron que nos preparáramos para el tercer transporte. También tuvimos que dejar atrás objetos de valor porque sabíamos que el espacio reducido de un vagón de ganado no nos permitiría ningún equipaje extra además de nuestras pertenencias personales mínimas.

Me atormentaban los pensamientos de lo que habíamos vivido en el pasado. Recordé cómo, en 1942, mi madre, mi tía, mis hermanos y yo fuimos llevados a los montes Cárpatos y luego enviados a casa. Esta vez era consciente de que había más miembros de nuestra familia en el transporte —mi abuelo, mi abuela, que estaba bastante débil, y mi hermana Judit, de nueve meses— y me preocupaba mucho cómo íbamos a soportar el viaje en las condiciones de hacinamiento de los dos primeros transportes que había visto cargar.

El día de nuestra partida recogimos nuestros escasos bultos y nos condujeron a la zona de carga, donde nos esperaban los vagones de ganado. Ahí aguardaban los gendarmes húngaros. Una vez trepados en los vagones, el tren partió de la fábrica de ladrillos, situada en un suburbio de Kassa, hacia la estación principal de ferrocarril, a poca distancia de ahí. A cada vagón le dieron un balde de agua potable y una cubeta vacía para usar como inodoro. Luego cerraron las puertas y echaron el pestillo. Mi instinto me decía que nos hallábamos en peligro. ¿Qué estaba sucediendo y adónde íbamos a parar?

En mi niñez los trenes representaban la estabilidad. Cada mañana, cuando oía el silbido del tren que traía a los estudiantes a mi pueblo, sabía que era hora de ir caminando al colegio con mis amigos. Y todas las tardes el tren volvía a pitar para llevar a los estudiantes de vuelta a sus casas, lo que indicaba que el día de colegio había llegado a su fin. El tren también me llevaba en las vacaciones de verano a la granja de la familia de mi madre en Kolbašov; mi tío Herman siempre nos esperaba en la estación con una carreta y dos caballos encabritados. Yo me sentaba a su lado en la calesa y tomaba las riendas, una sensación emocionante y liberadora.

El contraste entre aquellos recuerdos felices y mi salida de la fábrica de ladrillos en este transporte no podía ser más marcado. Cien personas y sus escasas pertenencias se hacinaban en cada vagón. Apenas podíamos respirar porque el calor que generaban nuestros cuerpos hacía que el aire fuera insoportable. La situación era deshumanizante, debilitante y devastadora, tanto psicológica como físicamente. Solo había una pequeña abertura enrejada cerca del techo para ventilar. El agua se acababa casi de inmediato y nunca se reponía. El cubo del retrete no se vaciaba porque la puerta no se abría y el hedor impregnaba todo el vagón. Nuestros fardos de pertenencias, abandonados en el suelo, también estaban invadidos de desperdicios.

No podía acercarme a mis padres y ellos no podían protegerme. Me sentía solo, abrumado por el hedor de la orina y la materia fecal. No podía hacer mis necesidades porque el vagón estaba muy apretado y no tenía intimidad. Los gemidos de la gente con claustrofobia o dolor eran muy inquietantes. Cuando hoy revivo estos recuerdos, tengo pensamientos de pesadilla sobre mi madre, que llevaba en brazos a mi hermana de pecho de nueve meses. No puedo imaginar cómo se las arregló sin comida ni agua. A mis dos hermanos pequeños, de solo ocho y diez años, les debió de parecer aterrador estar apretujados y rodeados de gente más alta.

Hay cosas que nunca olvidaré de aquel viaje: el olor a humo, el sonido de la locomotora al acumular vapor para arrastrar los 30 o 40 vagones cargados, el chasquido de las ruedas al chocar contra las juntas de los rieles. El primer día el tren se detuvo para reabastecerse de carbón y agua para la locomotora. Gritamos a los guardias pidiendo agua. Nos dijeron que arrojáramos joyas a cambio. Hubo cierta discusión y pronto varias personas lanzaron por una pequeña abertura del vagón joyas que llevaban escondidas. En cuanto los gendarmes consiguieron los objetos de valor, simplemente se marcharon sin cumplir su promesa. Esa primera noche en el vagón me quedé dormido de pie, arrullado por el traqueteo del tren. Me desperté de repente con el fuerte silbido de la locomotora; pensé que había tenido una pesadilla, pero en realidad estaba viviendo la pesadilla.

Cuando los rayos del sol penetraron por la abertura a la mañana siguiente, me sentí algo mejor y pensé que aún podía haber alguna esperanza. Pero en la siguiente parada, la persona más cercana a la pequeña ventana enrejada, en la esquina superior del coche, se asomó para ver dónde estábamos. Nos dijo el nombre de la estación y nos dimos cuenta de que estábamos en la Polonia ocupada, una revelación desagradable porque esperábamos viajar hacia el este para reasentarnos. El sentimiento de desesperación empeoró. Viajamos una segunda noche y dos personas murieron. Sus cuerpos permanecieron en el coche con nosotros.

A la tercera noche, cuando el tren se detuvo, ya no se oían los llantos de los bebés. A través de la abertura, oímos a gente hablando en alemán. Los vagones se movían de un lado a otro y, cuando los parachoques impactaban, el tren temblaba entero. Estábamos todos despiertos, una miserable carga de humanos.

Capítulo 8
Llegada a Auschwitz II-Birkenau

Después de tres días de viaje, escuché que abrían las puertas de los otros vagones de ganado. Me moría de ganas de que se abrieran también las nuestras. Nada podía ser peor, pensé, que lo que había experimentado esos tres días, encerrado en una tumba viviente. Por fin, alguien levantó el pestillo de nuestro vagón y se abrió la puerta. La luz entró a raudales y la gente empezó a moverse como larvas aletargadas estimuladas por un repentino choque de luz y ruido. Era como si una luz brillante hubiera penetrado en una cueva oscura, obligando a todos los que estaban dentro a despertar de un coma de tres días. Un hombre con gorra, chaqueta y pantalones a rayas gritó: "*Raus schnell!*". Yo sabía algo de alemán y entendí que significaba "¡Salgan rápido!". Pensé que cualquiera que usara ese tipo de ropa así debía de ser un delincuente. ¿Pensaban que *éramos* delincuentes? Seguramente se trataba de un error. *Raus schnell!* Quería moverme, pero no podía. Quería encontrar mi bulto, pero todo estaba cubierto de desechos humanos.

Fui uno de los primeros en salir de nuestro vagón y las piernas apenas podían sostenerme. Vi a más hombres con trajes a rayas, así como a soldados de las ss y oficiales ataviados con lustrosos uniformes. También sacaron del vagón a otras personas, entre ellas mi madre con mi hermanita pequeña en brazos, mis abuelos y mis tíos. Todos estábamos aturdidos por el viaje y confundidos por las duras órdenes que nos daban.

Auschwitz II-Birkenau: la rampa del tren, cuatro crematorios con cámaras de gas, el pozo de fuego y la rampa de llegada.

La caseta de vigilancia y la entrada a Auschwitz II-Birkenau.

Al final de la plataforma había una columna de fuego y pensé que nos hallábamos en una especie de fábrica. Reconocí el mismo olor que percibía en casa cada vez que el herrero ponía una herradura ardiendo en los cascos de un caballo y concluí que era carne quemada. Más allá de la plataforma iluminada, todo estaba oscuro. Los hombres de los trajes a rayas nos dijeron que nos devolverían nuestros bultos al día siguiente. A la fuerza y sistemáticamente, separaron a los hombres y mujeres en dos columnas. Todos los hombres mayores y los niños fuimos enviados a la fila de las mujeres. Los hombres vestidos a rayas nos decían que nos veríamos por la mañana. No hubo despedidas.

Me encontraba en la fila de los hombres con mi papá y mi tío. Mi abuelo, mi abuela, mi madre (que aún tenía en brazos a Judit), mis dos hermanos pequeños y mi tía se alejaron en el otro grupo. Todo sucedió con rapidez y no tuvimos tiempo de pensar. No tuve la oportunidad de hablar con mi madre, nunca nos vimos a los ojos y no pude despedirme de ella. Avanzamos en una sola fila hacia un oficial de las SS que llevaba guantes blancos. Miraba a cada persona e indicaba con un movimiento de las manos si debía ir a la derecha o a la izquierda. Mi padre fue primero, luego mi tío y después yo. Me envió al mismo grupo que mi papá y mi tío. Estábamos custodiados por soldados de las SS y marchábamos a través de un bosque de abedules con los otros hombres seleccionados. Por el camino, observé un gran fuego a ras de suelo a cierta distancia y, desde mi perspectiva, parecía que la gente saltaba a las llamas. Cuando le pregunté a mi papá si eso era posible, me ordenó que me callara y siguiera caminando. Entramos en un edificio llamado Sauna, donde más hombres vestidos a rayas nos ordenaron que les entregáramos los documentos y joyas que nos quedaban, y luego nos dijeron que nos desnudáramos. Se llevaron nuestra ropa, pero nos permitieron conservar las botas.

En la siguiente fase del proceso, otros hombres también vestidos con uniformes a rayas nos cortaban el pelo de la cabeza, las axilas y las ingles. Llevaban números y triángulos impresos en retazos de tela y cosidos a sus chaquetas. El hombre al mando de esta unidad llevaba una banda en el brazo que decía *Kapo* (jefe). El Kapo ponía en fila a los más grandes y hacía que sus hombres se cercioraran de si alguno tenía coronas de oro o empastes en los dientes. A los que tenían coronas o empastes de oro se los llevaban a un lado y les sacaban los dientes ahí mismo con un alicate. Mientras tanto, a los demás nos ordenaron agacharnos para que nos revisaran el recto en busca de objetos ocultos.

 La siguiente etapa fueron las regaderas. Nunca en mi vida había visto una regadera y me quedé maravillado con la instalación. Había numerosos cabezales de ducha y grandes ruedas que controlaban el flujo del agua caliente y fría. Aunque había estado en un *mikvah* (baño ritual) en casa, me intimidaba estar entre tantos desconocidos desnudos. Teníamos que apoyar las botas en la orilla de la regadera mientras nos bañábamos; mi padre, mi tío y yo vigilábamos bien las nuestras porque teníamos botas hechas a medida que durarían mucho tiempo. De pronto el Kapo y sus ayudantes empezaron a recogerlas. Al darse cuenta, mi padre nos avisó y nos apresuramos a tomar nuestras botas y a meterlas bajo el brazo mientras nos bañábamos. Si hubiéramos perdido esas botas, nuestras vidas habrían corrido aún más peligro: quienes no tenían sus pies protegidos, eran incapaces de trabajar y los seleccionaban para ser gaseados. Los que perdían su calzado tenían suerte si en su lugar recibían un par de zuecos de madera. Estos zuecos eran más bien un trozo de madera con un pedazo de lona atada por encima que dañaban los pies. Nuestras botas eran tesoros que teníamos que custodiar día y noche.

 La crueldad de los guardias de las SS se hizo patente por primera vez en las regaderas. Mientras nos lavábamos, un soldado se paró junto a una de las grandes ruedas que controlaban la temperatura del agua. Por diversión, la puso al máximo. Cuando intentábamos saltar para no quemarnos, otro soldado con una porra nos golpeaba para que volviéramos a estar bajo el chorro. Entonces el primer soldado ponía el agua helada.

Un joven que se bañaba con nosotros llevaba sus anteojos en las manos. Los cristales eran muy gruesos y era evidente que era miope. El chorro de agua le arrancó las gafas de las manos y, cuando se arrodilló para intentar encontrarlas, un guardia se acercó y le dio una patada en la cabeza con su bota. El joven se dio la vuelta y el guardia le dio un pisotón en el pecho. Se oyó el crujido de las costillas. El guardia, que ahora estaba enloquecido, siguió pisoteando al hombre hasta que murió. Los demás seguimos bañándonos como si nada, pero yo estaba impactado y aterrorizado. Ni siquiera hoy sé qué fue lo que precipitó el horrible acto del guardia. Quizá le pareció cómico ver a un hombre desnudo de rodillas y quiso humillarlo.

Después de bañarnos nos llevaron a nuestras barracas con las botas puestas, pero sin ropa. Dentro había hileras de literas de tres pisos sin colchones ni mantas. Después de tres días de pie en el vagón de ganado, me sentí de maravilla al acostarme aunque fuera sobre tablones de madera. Intenté procesar los acontecimientos de las pocas horas transcurridas desde nuestra llegada, aunque no podía comprender la maldad de esos guardias. Me preocupaba lo que me deparaba el futuro. Me sentía confundido. Ésta fue mi iniciación a Auschwitz-Birkenau.

Me despertaron de repente de mi corto sueño unos fuertes golpes y gritos de: "*Raus schnell!*". Estábamos en la litera de arriba. Papá saltó primero, luego yo y por último mi tío. Los Kapos nos ordenaron salir de la barraca. Era una mañana hermosa y soleada y me encontré mirando cientos de barracones, miles de personas demacradas detrás de alambradas de púas y docenas de torres de vigilancia donde los soldados de las ss empuñaban ametralladoras y reflectores. Cerca de ahí había cuatro enormes chimeneas que arrojaban llamas y humo de un rojo furioso. El olor a carne quemada que me había sobrecogido al salir del vagón impregnaba el aire. No podía comprender el inmenso tamaño de aquel lugar y pensé que debíamos de estar en una gran zona industrial. Mi padre me dijo que me moviera rápido si oía las órdenes del Kapo, porque de lo contrario me golpearían.

Delante de nuestra barraca colocaron unos tablones y se sentaron dos hombres en cada uno de ellos. Nos ordenaron acercarnos a la mesa más cercana en fila. De nuevo, mi padre fue el primero, yo el siguiente y mi tío el último. El primer hombre me preguntó mi nombre, mi lugar y fecha de nacimiento, qué idiomas hablaba, mi altura y peso, y el color de mi pelo. El siguiente hombre me tatuó un número en el brazo izquierdo: A-9892. El número de mi padre era A-9891 y el de mi tío A-9893. A donde fuéramos, yo siempre estaría entre ellos; eran mis ángeles de la guarda.

Cerca había montones de pantalones a rayas, camisolas y gorras. Me dieron una de cada una de las prendas y me las puse, pero no me quedaban bien. No teníamos calcetines ni ropa interior, ni cinturón ni tirantes para sujetar los pantalones. De un montón de trapos sucios, mi padre se las arregló para encontrar un par de pantalones y, con los dientes y los dedos, arrancó tiras de tela que retorció hasta convertirlas en cinturones para los tres. Con otras tiras de tela nos envolvimos los pies en lugar de calcetines. También guardamos un trocito para utilizarlo como toallita en lugar de papel higiénico. Mi padre y mi tío eran muy ingeniosos y me enseñaron a sobrevivir en esas condiciones horribles.

En cuanto me puse esta ropa a rayas de prisionero sentí que ya no era un ser humano, sino solo un número. En dos tiras de tela blanca los trabajadores de prisiones estampaban una estrella de David con nuestro número. Conforme avanzábamos en fila, empleando aguja e hilo, cosían una tira en la parte delantera izquierda de la chaqueta y la otra en la espalda. Los distintos grupos tenían triángulos diferentes: los presos políticos tenían un triángulo rojo (con una P, de "polaco", o una F, de "francés", etc.); los gitanos, un triángulo color café; los testigos de Jehová, un triángulo violeta; los homosexuales, un triángulo rosa; los delincuentes comunes, un triángulo verde; y los llamados asociales, un triángulo negro. De todos estos grupos, los judíos estábamos en el escalón más bajo de la jerarquía del campo.

Pronto llegaron dos prisioneros cargados con un gran perol de té caliente, mi primera comida o bebida en días. Nos dieron escudillas de metal, nos pusieron en fila y nos sirvieron el té. Tenía un sabor muy diferente al que estaba acostumbrado en casa. Mi padre les preguntó si veríamos a nuestras familias ese día. Se rieron de él, señalaron una de las chimeneas que escupían llamas y preguntaron:

—¿De dónde vienen?

Mi padre respondió:

—Llegamos de Hungría a mitad de la noche.

El prisionero repuso:

—Estamos en 1944 y ¿no saben qué es este lugar? Sus familiares salieron por la chimenea.

Ésta era la jerga del campo para describir ser gaseado e incinerado.

Estoy seguro de que en ese momento mi padre se dio cuenta de que mi madre y el resto de nuestra familia habían sido asesinados poco después de nuestra llegada, pero tardé unos días en comprender los procesos de esta máquina de la muerte. Hasta que entendí el funcionamiento de las cámaras de gas, creía que los habían quemado vivos. Estaba desolado, pero me sentía tan amenazado en todo momento que no podía pensar en la pérdida de mi familia durante el día. Solo podía pensar en el trabajo, la comida y la supervivencia física. Mi papá y mi tío nunca hablaban de las muertes, así que cuando pensaba en mi familia recostado en mi litera por la noche, estaba solo con mi dolor. En verdad era más fácil vivir en un estado de negación que afrontar esta horrible realidad.

Después de que los trabajadores de la prisión tatuaran nuestros números en nuestros brazos izquierdos y los inscribieron en nuestras ropas, nos hicieron formar una vez más. Un oficial gritó: "¡Médicos y abogados, levanten la mano!". A los que lo hicieron les ordenaron que salieran de la fila y se los llevaron. Enseguida pidió agricultores. Muchos levantamos la mano. Mi padre sabía,por su experiencia en los batallones de trabajadores, que trabajar en una granja nos daría acceso a papas, nabos o remolachas. Los guardias seleccionaron a 100 hombres, incluidos nosotros tres.

Estaba hambriento, sediento y completamente impactado por la forma en la que mi vida cambiaba minuto a minuto y hora a hora. Todo en este lugar era amenazador y me llenaba de miedo, y ahora nos dijeron que íbamos a un campo diferente. Me preguntaba si el nuevo campo sería similar a Birkenau.

Los guardias nos hicieron marchar varios kilómetros por la carretera que lleva a Auschwitz I. Por el camino nos cruzamos con un grupo de mujeres con la cabeza rapada y vestidos a rayas; estaban atadas a un enorme rodillo de cemento del que jalaban para nivelar el camino. Algunas llevaban zapatos estropeados, otras calzaban zuecos de madera o sandalias y otras iban descalzas. Las guardias de las SS las azotaban y gritaban: "Más rápido, malditas judías". Las plantas de los pies de las mujeres descalzas estaban destrozadas y las piedras que pisaban estaban cubiertas de sangre. Las mujeres de las SS eran corpulentas y rebosaban de sus uniformes; el contraste entre ellas y sus esqueléticas prisioneras era sorprendente. No pude evitar preguntarme si nos tratarían igual.

Capítulo 9
Arbeit Macht Frei

Nuestro grupo de unos 100 hombres llegó a Auschwitz I a principios de mayo de 1944 con una sola taza de té en el estómago. Entramos en el campo por una gran puerta de metal, arriba de la cual se leían las palabras: *Arbeit macht frei* ("El trabajo te hará libre"). Cerca de la puerta había una caseta de vigilancia con soldados de las SS y perros de ataque. La primera visión de las cercas de púas y los edificios de ladrillo rojo me produjo escalofríos. Cuando cruzamos la reja, miré a la derecha y vi a una orquesta de hombres. Esos hombres tocaban música de marcha cuando llegábamos a trabajar por la mañana y cuando volvíamos por la tarde. El sonido de la música me animaba y mi cuerpo respondía a su ritmo. ¿Cómo podía coexistir una música tan hermosa con el ominoso campamento de fondo?

Auschwitz I tenía 28 barracas de ladrillo de dos plantas. Cada piso estaba dividido en dos partes y había un total de mil 200 internos por barracón. Cada edificio tenía un *Block Altester* (jefe de barraca) y cada habitación tenía un jefe de habitación. Los ancianos formaban parte de la burocracia del campo y gozaban de ciertos privilegios, incluida la privacidad y provisiones adicionales. El lavabo de cada barraca (un lavabo por edificio) tenía un bebedero con muchas llaves de agua que podía atender a un gran número de personas a la vez, y junto a éste había un área con retretes con cisterna. Dormíamos en literas de tres niveles, como en Birkenau, pero ahora teníamos colchones en lugar de tiras de madera. Los colchones habían estado rellenos de paja, pero tras años de uso por prisioneros anteriores ahora no eran más que sacos de polvo. Encima de cada colchón había una manta sucia y maloliente.

Nuestra unidad de trabajo ocupaba una habitación en el segundo piso del barracón 16, y mi cama estaba en la parte superior de la litera más cercana a la línea del techo, que estaba cubierta con pequeñas tejas hechas de algún tipo de virutas pegadas entre sí. No teníamos nada más. Todo mi vestuario consistía en mi chaqueta, mis pantalones, mi gorra y mis botas. Aquí empecé mi nueva vida como trabajador esclavo al servicio del Reich alemán.

Cerca de la puerta principal del campo había un largo edificio de cocina donde los prisioneros preparaban las comidas para aproximadamente 25 mil reclusos y los guardias de las ss. Esos 25 mil reclusos se hospedaban en aproximadamente 20 de los barracones, y otros edificios se utilizaban como almacenes de ropa y mantas de lana que se confiscaban a la gente cuando llegaba a Birkenau. Estos artículos se limpiaban en Auschwitz I y se enviaban a Alemania para su beneficio económico. Uno de los barracones se usaba como clínica de primeros auxilios a la que acudían las personas con lesiones relacionadas con el trabajo. El bloque 21 albergaba un quirófano y los pisos superiores estaban destinados a pabellones de hospital para los pacientes. Al lado del bloque 21 se encontraba el edificio utilizado para experimentos médicos con los internos. El bloque 11 tenía cámaras de tortura y celdas de prisioneros; al lado, había un paredón de fusilamiento donde 70 mil de los primeros internos de Auschwitz, principalmente prisioneros políticos polacos, fueron fusilados. Siempre me alejaba del bloque 11. Al otro lado del bloque 21 se hallaba la lavandería. Auschwitz I también tenía un pequeño crematorio experimental, llamado Crematorio I.

Al llegar a Auschwitz I por primera vez, nos llevaron a un barracón donde un Kapo, que se presentó como Heinrich, nos estaba esperando. Era bajito y vestía un triángulo verde; probablemente era un asesino de una cárcel alemana que había sido liberado y llevado al campo para ser nuestro jefe de trabajo. Él y otros como él resultaron ser los asesinos más brutales del campo. Las ss les dieron permiso para golpear y matar a cualquier trabajador que quisieran. Tenía una porra en la mano y unos ojos penetrantes que parecían atravesarte. En alemán nos advirtió: "Si no sigues mis órdenes, tu vida tendrá un rápido final. Te golpearé hasta matarte. Morirás aquí de palizas o de hambre, o trabajarás hasta morir. Y seguramente pasarás por la cámara de gas. Esta unidad se llama *Landwirtschaft Kommando* [Unidad de Gestión de Tierras]. Mañana por la mañana tendrás tu primera prueba de Auschwitz". Podía entender y comunicarme en alemán básico, que había estudiado un poco en la escuela y oído hablar ocasionalmente a mi abuelo en casa. Después de la presentación del Kapo, nos despidieron abruptamente.

Como no se nos permitía entrar en nuestros barracones hasta que todas las unidades hubieran vuelto del trabajo, disponíamos de unas horas para pasear y familiarizarnos con la disposición del lugar. Observé que los Kapos y algunos otros reclusos parecían tener ropa de prisionero hecha a medida y botas de calidad. También lucían bien alimentados en comparación con los demás presos, que estaban flacos y demacrados. La mayoría de estos reclusos llevaban triángulos rojos impresos con una P; eran presos políticos y los primeros internos de Auschwitz I. Se llamaban Prominente y controlaban toda la infraestructura interna del campo. Con el tiempo entendí que la jerarquía del campo concedía a los prisioneros políticos ciertos beneficios, mientras que los judíos que estábamos en el peldaño más bajo de la jerarquía teníamos que luchar día a día por la supervivencia. Sabía que, a menos que se abriera una puerta, no habría forma de salir de este agujero. A partir de la mañana siguiente, nuestras vidas estaban controladas por una férrea disciplina todas y cada una de las horas del día y de la noche.

De pronto, la orquesta tocó una melodía y nos acercamos a la puerta para ver a los presos que volvían de su trabajo. Disfrutaba escuchando la música y, por un momento, pensé que estaba en otro lugar y que era libre. Las unidades de trabajo, 100 por grupo, entraron por la puerta en filas de cinco. El jefe de la unidad informaba del número de prisioneros a un guardia; así se aseguraba de que el mismo número de personas que salían por la mañana también volvían por la tarde. Estos hombres trabajaban en fábricas de municiones y en obras de construcción. Todas las unidades tardaron más de dos horas en volver al campo.

Nos apresuramos a volver a nuestras barracas, que ahora estaban llenas de hombres agotados, hambrientos y agresivos. Me sentía como en la Torre de Babel, oyendo a mis compañeros de prisión hablar tantos idiomas diferentes. Los hombres se apresuraban a los lavabos para asearse y enjuagar sus camisas y pantalones. El jefe de barraca intentaba asegurarse de que estuviéramos lo más limpios posible, porque si no, los piojos podían multiplicarse con facilidad y propagar el tifus. Los carteles de la zona de lavado mostraban a los piojos con sus feas extremidades y decían: "Un piojo puede ser el fin de tu vida". Los hombres escurrían la ropa y se la volvían a poner aún mojada. Nadie tenía toallas. También limpiaban las botas y les quitaban el barro y luego les aplicaban una grasa negra que sacaban de un balde para que lucieran limpias. En Auschwitz I era posible mantenerse bastante limpio, lo que para mi estado de ánimo resultaba benéfico.

Luego nos pusieron a todos en fila para nuestra supuesta cena, que consistía en una taza de café aguado, una rebanada fina de pan y un cuadrito de margarina. Fue mi primera cena en Auschwitz I. No eran suficientes calorías para nutrir nuestros cuerpos. Mi padre, mi tío y yo discutíamos si consumir toda la rebanada de pan ahora o dejar algo para el día siguiente. Nuestro dilema era que no teníamos dónde guardar ni siquiera esta pequeña porción de pan, y sabíamos que si se daba la oportunidad, los reclusos hambrientos nos la robarían, porque el hambre llevaba a la gente a tomar medidas extremas.

A la mañana siguiente, la orden para el *appel* (pase de lista) sonó temprano. Nos apresuramos a bajar las escaleras y nos alineamos frente a nuestros barracones al estilo militar, distribuidos en 20 filas de cinco personas para que el recuento pudiera realizarse sin problemas. Extendí la mano izquierda hacia un lado para tocar el hombro de la persona que tenía al lado y la derecha hacia delante para tocar la espalda de la persona que tenía delante. Teníamos que alinearnos así con gran rapidez o los Kapos nos molerían a palos. Cuando el soldado de las SS a cargo de nuestro barracón llegó para hacer el recuento, el Kapo gritó: *Mützen ab!* ("¡Fuera gorras!"). Este procedimiento se repetía en cada uno de los 20 barracones.

Teníamos que permanecer en posición de máxima atención mientras el *Lagerschreiber*, un recluso que se encargaba de recopilar los datos, informaba de ellos al oficial de guardia de las SS. En un buen día, cuando los totales eran aceptables, el *appel* tardaba entre una hora y una hora y media. Sin embargo, cuando los números no cuadraban, podíamos estar parados durante horas mientras revisaban las barracas, buscando a alguien que hubiera muerto en su litera. En tales ocasiones bajaban el cuerpo y lo sostenían físicamente para que se pudiera completar el recuento. Entonces los Kapos gritaban: "*Mützen auf!*" ("¡Pónganse las gorras!").

Una vez que los guardias quedaran satisfechos, la orquesta comenzó a tocar y cada unidad de trabajo marchó hacia la puerta de manera sistemática y organizada, liderada por su Kapo. Marchamos a paso rápido, como si fuéramos un grupo de felices campistas yendo a trabajar para el Reich. Nuestro *Kommandant*, *Unterscharführer* Kuntz, rodeó nuestra columna con guardias y pastores alemanes en la vanguardia, en la retaguardia y a cada lado. Después del calvario del pase de lista, me sentí bien de poder caminar y observar el paisaje fuera del campo. No vi a ningún civil en el lugar y, al final, me enteré de que los nazis habían despejado una gran zona para albergar Auschwitz I, II y III, así como campos de trabajo satélites más pequeños. Los civiles no podían entrar en esta zona de exclusión.

Mientras caminábamos, pasamos por delante de una panadería operada por reclusos. Era donde se horneaba el pan del campo y estaba llena de prisioneros que cargaban panes en los camiones. El aroma de pan recién horneado llenaba el aire. Me hacía crujir las tripas de hambre. Todos los días pasábamos por delante de la panadería de camino al trabajo y cada día mi estómago gruñía más que el día anterior. La pequeña rebanada de pan que recibíamos cada noche era una terrible burla. Envidiaba a los que cargaban los camiones de pan, porque seguro que nunca pasarían hambre como yo.

Llegamos a una zona en la que ambos lados del camino estaban cubiertos de plantas de mostaza hasta donde alcanzaba la vista. Llegaban hasta la cintura y las flores de la parte superior eran de un amarillo brillante. Nos detuvimos en un gran asentamiento con muchos barracones, establos de caballos y todo tipo de maquinaria agrícola. Era un campamento satélite llamado Budy. Aquí muchos presos hacían diferentes tipos de trabajo. Me sorprendió ver a un chico de unos 20 años de mi ciudad natal. Nos miramos a los ojos, pero no tuvimos ocasión de hablar. Cuando me ordenaron cargar guadañas en un carro de plataforma, se acercó y me dio un trozo de pan.

Había unos 50 prisioneros que vivían y trabajaban en Budy con sus guardias de las SS. Todos estaban familiarizados con el trabajo agrícola y eran expertos en el manejo de caballos. Los prisioneros cuidaban bien de estos hermosos animales, que se utilizaban para acarrear productos agrícolas y labrar la tierra. Budy era un campo satélite en medio de grandes tierras de cultivo y servía como punto de distribución de muchos cultivos, como papas, remolachas, nabos, cebollas, heno y forraje para el ganado. (Incluso vi una enorme pila de pan mohoso que acabó en la sopa que comimos.) El carro que me dijeron que cargara lo llevamos al borde del campo de mostaza, donde unos 50 de nosotros empezamos a cortar las plantas. Había mucha prisa por elegir una guadaña que no fuera demasiado grande. Las guadañas más grandes tenían cuchillas más largas, pero eran bastante pesadas. Las prisas por conseguir una más pequeña se convirtieron pronto en un peligro: 50 hombres blandiendo estas herramientas parecidas a cuchillos era todo un peligro. También recibimos una piedra de amolar para afilar las hojas de las guadañas. El Kommandant anunció que si alguien rompía su piedra, se consideraría un acto de sabotaje y el infractor sería fusilado en el acto.

El Kommandant era un granjero austriaco y conocía bien su trabajo. Se reunió con nuestro Kapo —que estaba más familiarizado con el interior de una cárcel alemana que con el trabajo agrícola— y con nuestro sub-Kapo —un preso político polaco llamado Stasek, que era un agricultor experto— y les explicó cómo debíamos proceder y la extensión de la zona que esperaba que completáramos para el final de la jornada. Los más fuertes iban a la cabeza, marcando el ritmo para que el resto los siguiera. Los tallos de mostaza son bastante gruesos y la altura del corte debía ser precisa, a no más de cinco centímetros del suelo. El que iba al frente empezaba a cortar, y cuando estaba a unos metros de distancia —lo suficiente para no lastimar a nadie con la guadaña—, el siguiente empezaba una nueva hilera, y así sucesivamente. Mi papá, mi tío y yo estábamos familiarizados con las guadañas porque mi abuelo solía usar una para cortar heno. Sabíamos que la herramienta era más eficaz cuando se sujetaba en un ángulo determinado y a una altura uniforme. Nos pusimos en marcha, yo seguía a mi padre y mi tío a mí. Durante todo el día me animaron a mantener el ritmo. Era un trabajo físico agotador y nuestro Kapo nos vigilaba atento para asegurarse de que seguíamos un ritmo constante. Era un día caluroso y el sol nos quemaba; yo estaba deshidratado y no había agua en el lugar. Auschwitz y sus campos satélites se construyeron en una zona climáticamente difícil de Europa, entre los ríos Vístula y Sola, con pantanos alrededor. Un día caluroso y húmedo y sin agua era muy duro para el cuerpo.

En casa yo había usado una guadaña durante media hora o a veces una hora, pero aquí corté sin parar durante cuatro horas hasta que nos detuvimos para comer. Sentía que se me rompía la espalda; me salieron grandes ampollas en las palmas de las manos, y algunas ya habían reventado. Sin embargo, a pesar de todas nuestras horas de trabajo, parecía que apenas habíamos avanzado un poco. Papá me dijo que debía continuar o el Kapo me pegaría, y sabía que las palizas repetidas reducirían mis posibilidades de supervivencia. Me dijo que debía poner un pie delante del otro y tener buenos pensamientos para superar esta prueba. Mi padre siempre había sido estricto en la disciplina, y ahora esta cualidad me ayudaba a mantenerme centrado y decidido. Pensé en mi rebeldía de antes y en mi relación siempre tensa con él. Nunca me sentía a la altura de sus expectativas ni en la escuela pública ni en la hebrea. Nos distanciamos aún más por su ausencia de tres años en los batallones de trabajo. Pero, en estas nuevas circunstancias en Auschwitz, yo dependía mucho de su apoyo emocional y agradecía enormemente tener a mi padre y a mi tío ahí conmigo. Hicieron todo lo que pudieron para mantenerme con vida y sin ellos nunca hubiera sobrevivido las dos primeras semanas en aquel lugar infernal.

Después de trabajar toda la mañana, hicimos una pausa de 30 minutos para comer. Una carreta jalada por caballos llevaba peroles de sopa; cada uno tomaba un plato de metal y nos formábamos para que nos sirvieran. Cuando llegó mi turno, recibí un cucharón de una mezcla maloliente que no había visto en mi vida. Era *dörgemuze*, una especie de sopa de verduras. Al mirar mi escudilla, reconocí pan mohoso y tallos de mostaza cortados y me negué a comerlo. Pero mi padre sabía que debía comer para sobrevivir y prácticamente me la hizo tragar. Unos días más tarde, cuando el hambre era más severa, el *dörgemuze* empezó a saber bastante bien y un solo cucharón ya no bastaba para llenarme el estómago.

A veces sobraba algo de sopa y entonces el hombre que servía la sopa gritaba: "*Repeta!*". La gente saltaba y se empujaba para ponerse en primera fila. El Kapo solía aprovechar la ocasión para divertirse y golpear a los primeros. Peor aún, era la forma en que los propios prisioneros casi se mataban entre sí cuando se acababa la sopa. Me quedaba mirando cómo los hombres se metían de cabeza en los peroles para chupar hasta la última gota. Nunca había visto algo así: era como una jauría de perros peleándose por un trozo de carne. Decidí que, pasara lo que pasara, nunca me rebajaría a ese nivel.

Un día a la hora de comer, mientras los prisioneros nos sentábamos juntos en un grupo apretado, los guardias de las ss formaron un cordón a nuestro alrededor y se sentaron a la sombra de unos árboles. Uno de los guardias que estaba más cerca de mí abrió su mochila y sacó un sándwich y un termo y se puso a comer. Acompañó el sándwich con el líquido de su termo, que imaginé que debía de contener un buen café. Me parecía terriblemente degradante ver a los guardias disfrutar de sus generosas comidas a la vista de todos nosotros que moríamos de hambre. Mientras el guardia comía, su gran pastor alemán permanecía inmóvil a su lado, observándonos con las orejas levantadas en modo de guardia. Era un perro precioso y me hizo pensar en Farkas. ¿Qué estaría haciendo? ¿Seguiría vigilando nuestra casa? El guardia arrancó un trozo de su sándwich y se lo lanzó al perro, pero éste se quedó sentado sin moverse. Entonces un miembro de nuestro grupo saltó y corrió a tomar el trozo de pan. El guardia dio una orden y, de un salto, el perro atrapó entre sus dientes la muñeca del hombre. Lo mantuvo agarrado hasta que el guardia le dio la orden de soltarlo. La muñeca del hombre quedó destrozada y también recibió una terrible paliza. En aquel momento me pregunté quién era más cruel, ¿el perro o el guardia? Al final del día, el hombre con la muñeca herida y otro con un corte grave fueron abandonados en Budy y nunca volvimos a verlos.

Después de comer, seguimos trabajando durante varias horas, hasta que por fin nos dieron la orden de detenernos y cargar y apilar nuestras guadañas en el carro, que fue llevado de vuelta a Budy. Nunca en mi vida había trabajado tan duro durante ocho o nueve horas al día, con una dieta de hambre de cerca de 300 calorías. Estaba hambriento y cansado, y aún nos quedaban varios kilómetros de marcha hasta Auschwitz. El Kapo, que nos conducía sin piedad, gritaba: "Izquierda, izquierda, izquierda", y comprobaba que todos estuviéramos al mismo paso. A medida que nos acercábamos a Auschwitz, pude oír la orquesta del campo y eso me animó. Recuperé fuerzas y por fin llegamos. De alguna manera, la marcha y la música me mantenían animado. Para mí la música era lo único humano y normal que había en el campo. La música me daba esperanza.

Llegamos al campamento con ganas de lavarnos y esperando nuestra escasa cena. Es increíble lo resistente que es el cuerpo humano, cómo podíamos sobrevivir con tan pocas calorías y adaptarnos a tan poca comida. Sin embargo, con el paso del tiempo, nuestros cuerpos empezaron a deteriorarse debido a la falta de alimentos. Esto era muy evidente cuando los reclusos contraían escorbuto por la escasez de vitaminas. Además del duro trabajo diario, teníamos que hacer frente a todas estas dolencias y desafíos físicos y aun así intentar mantenernos cuerdos. Experimentaba un sentimiento de logro al poder seguir el ritmo de hombres mayores y mucho más fuertes.

Al final de cada jornada nos dirigíamos a nuestra barraca, nos lavábamos y limpiábamos las botas y nos formábamos para cenar un sucedáneo de café, una rebanada fina de pan y un cuadrito de margarina. Teníamos que comer muy deprisa y volver a salir para el pase de lista. Estar en esa formación después de tantas horas de duro trabajo era un castigo terrible. Tenía que imaginarme que era un árbol con profundas raíces en la tierra y que ésta era el ancla que me mantenía erguido. Algunos hombres se desmayaban de tanto estar de pie. Si se caían, los golpeaban y los obligaban a pararse de nuevo. Si no podían mantenerse en pie, los prisioneros situados a ambos lados tenían que sostenerlos hasta que terminaba el recuento.

Si todos estábamos presentes, nos despedían. La primera noche fui a la pequeña enfermería a buscar vendas para mis ampollas. Un médico me puso yodo en las heridas y me dio un rollo de vendas de papel. Me preocupaba no poder trabajar con la mano herida al día siguiente. Las heridas tardaron en sanar, pero al final mis manos se endurecieron como el cuero.

Aproximadamente a las 9:30 de la noche sonaba un gong que indicaba que todo el mundo debía estar en su litera. Esto se llamaba

Lagersperre, y significaba que el campo quedaba cerrado por la noche. Cualquiera que fuera encontrado deambulando después de la hora podía ser fusilado desde las torres de vigilancia o derribado por un sargento que era conocido como *Kaduk* (en polaco, "el verdugo"). El Kaduk vigilaba las calles del campo con su gran pastor alemán que, a una orden, despedazaba a cualquier desafortunado.

Una vez en nuestras literas, apagaban las luces. Se oían ronquidos y gemidos por el duro trabajo del día. Solo cuando ya íbamos a dormir nos quitábamos las botas. Yo usaba las mías como almohada y me ataba las agujetas a la muñeca para que no me las pudieran robar por la noche. Esa primera noche, acostado en mi litera, intenté digerir los acontecimientos de las últimas 24 horas. Pensé en la cama limpia y cómoda de mi casa, que ahora parecía estar a un millón de kilómetros de distancia, y me pregunté qué me depararía el día siguiente.

Cuando terminamos de cosechar la mostaza, nuestra unidad se dividió en dos. Nos quedamos con 50 personas de las 100 originales. Mi padre, mi tío y yo permanecimos juntos en el Landwirtschaft Kommando y se nos asignaría un nuevo destino. Después de una semana en Auschwitz, había aprendido algunas cosas y empezaba a entender cómo se vivía en aquel horrible lugar. Pero la monotonía de seguir la misma rutina todos los días era agotadora y no había ningún tipo de estímulo mental.

Mucho peores que las indignidades y privaciones cotidianas eran los horrores a los que me exponía a diario. Recuerdo que regresé al campamento del trabajo el tercer o cuarto día y vi un cuerpo colgado de la horca, justo frente a nosotros. El hombre llevaba un letrero que decía: "Esto es lo que les pasa a los que intentan escapar". Fue impactante ver al hombre colgado, también una advertencia para mantenernos a raya.

Cada día sucedía otro horror inesperado. A aquellos que intentaban pasar de contrabando cosas del trabajo, como una papa o una remolacha, solían descubrirlos en la puerta y recibían 25 latigazos por su transgresión. Este castigo se aplicaba siempre al anochecer durante el *appel*, cuando todos los presos estaban presentes y tenían que mirar. Desnudaban al acusado, se le inclinaba sobre un tambor de madera, lo ataban de pies y manos, de modo que la espalda y las nalgas quedaban expuestas, y un Kapo lo azotaba. En realidad esta paliza solía ser una sentencia de muerte, porque casi nadie lograba recuperarse de ella. La horca estaba situada en el mismo lugar.

Cuando no se utilizaba para torturar y ejecutar a los reclusos, esta plaza abierta frente a la cocina del campo servía para otros fines. A veces había un mercado negro donde podíamos intercambiar nuestras raciones de pan por trapos o algo que llamábamos *mahorka*, un tabaco hecho con corteza de árbol. Muchos de los veteranos conseguían lujos como carne, brandy, cigarros, puros y mantas de lana de Holanda. Estos artículos especiales solo estaban al alcance de los "prominentes", los prisioneros situados en lo más alto de la jerarquía del campo. Comparados con el resto, los prominentes vivían con comodidades y disfrutaban de habitaciones separadas y privilegios especiales que les daban estatus y seguridad. Y, lo que es más importante, tenían contactos que podían utilizar para conseguir comida, ropa y otros lujos. Los demás no teníamos ninguna posibilidad de acceder a estos artículos exclusivos. En la retorcida lógica de Auschwitz, esta plaza principal era a la vez un lugar de comercio cotidiano y burocracia. Y un lugar de tortura.

Capítulo 10
Secar las ciénegas

Tardamos cerca de una semana en cosechar toda la mostaza —aunque nos pareció una eternidad— y después volvimos a Budy a recoger nuestras herramientas para la siguiente tarea. Cargaron palas y azadas en un carro de dos ruedas y nos llevaron a una gran zona pantanosa, donde nos dividieron en dos grupos. Al primero lo obligaron a cavar zanjas en el borde de la ciénega, mientras que el otro grupo, en el que estaba yo, se sumergió con las botas puestas para cavar canales y dirigir el agua hacia la zanja perimetral. El sol quemaba y mis botas y pantalones pronto estuvieron mojados y llenos de barro. A pesar de toda el agua que nos rodeaba, no podíamos beberla porque podía provocar disentería, que a menudo era mortal. Había pensado que los campos de mostaza eran horribles, pero esto era mucho, mucho peor.

Durante la pausa para comer, papá, mi tío y yo nos sentamos juntos como una familia, como todos los días. El Kapo, Heinrich, debió de darse cuenta porque se puso delante de nosotros y le pidió a mi padre que identificara a la persona que tenía al lado, señalando a mi tío. Mi padre dijo que era su hermano. Entonces me señaló y preguntó quién era yo. Mi padre dijo que yo era su hijo. Temí que esto no terminara bien.

Me había quitado las botas durante la comida para intentar quitarme el barro, así que estaba descalzo cuando el Kapo nos gritó que tomáramos las azadas y volviéramos al trabajo. Me apresuré a ponerme las botas todavía sentado en el suelo, pero no fui lo bastante rápido para Heinrich, que esperaba que sus órdenes se cumplieran de inmediato. Empezó a golpearme con su porra. Pensé que se me iban a romper los huesos, aunque no emití ningún sonido. Me había dado cuenta de que cuando el Kapo golpeaba a otros, lo hacía todavía más fuerte si gritaban de dolor o le suplicaban que parara. Mantuve la boca cerrada, con la esperanza de que se diera por satisfecho y me dejara en paz. Cuando terminó con la paliza, tomé mis herramientas y mis botas y corrí hacia la ciénega para seguir trabajando. Era la primera paliza seria que recibía en Auschwitz. Estaba adolorido y tenía moretones por todo el cuerpo, pero por suerte no me había roto nada. Aun así, me sentí violado y humillado.

Al día siguiente Heinrich fue tras mi padre y le propinó una terrible golpiza. Al ver su dolor, me sentí frustrado por no poder hacer nada para ayudarlo. Más tarde, ese mismo día, cuando volvimos al campamento, mi padre sugirió que nos separáramos para que no nos vieran como familia. Pensaba que el Kapo nos atacaba porque temía que nuestra unidad familiar reforzara los lazos entre nosotros. Creía que si no nos separábamos, no podríamos sobrevivir a las palizas diarias.

Dos días después, mi padre y mi tío lograron entrar en otra unidad de trabajo; yo me quedé con el kapo Heinrich. No sé cómo consiguieron cambiar de unidad de trabajo, pero eso significó que los trasladaran a otro barracón. Para mí esto era el comienzo de un nuevo capítulo. A los 15 años y medio estaba completamente solo durante el día y solo tenía unas pocas horas para pasar con mi padre y mi tío Eugene antes del cierre nocturno. Me preocupaba cómo me las arreglaría sin mis dos guardianes, aunque estaba decidido a demostrarle a papá que tenía los medios para sobrevivir solo.

Después de varios días de trabajo en la ciénega, mis pies se resintieron. Estar parado en el agua todo el día hacía que mis botas se empaparan, pero no podía quitármelas hasta que llegaba a mi litera. Por la mañana, cuando las botas se habían secado, era un martirio volver a meter los pies. Tenía que ponérmelas a la fuerza y ya ni siquiera podía usar el trapo con el que me envolvía los pies a modo de calcetines. Los talones me rozaban contra las botas y pronto se convirtieron en una herida abierta. Con los talones sangrando todo el tiempo, me costaba caminar. No sabía cómo solucionar este problema, y era preocupante porque sin los pies estás perdido. Cada mañana me despertaba pensando en cómo sobrevivir el día. Papá siempre me decía que siguiera adelante, un pie delante del otro, y eso era lo que me repetía sin cesar.

Después de un tiempo mis talones sanaron por arte de magia y pude envolverlos en un trapo para protegerlos. En el campo había que ser ingenioso y usar la cabeza para sobrevivir. No quería preocupar a mi padre, así que nunca le conté lo de mis pies heridos. Y pronto tuve otro problema: a finales de junio estaba cubierto de forúnculos dolorosos por falta de vitaminas. Mi cuerpo pedía a gritos proteínas, pero no había. Mis funciones corporales también estaban cambiando, algo que había observado en muchos prisioneros mayores, que simplemente no podían controlar la vejiga. Empecé a tener los mismos problemas y pronto me encontré bajando de mi litera a mitad de la noche para ir corriendo al baño. Cuando llegamos al campo, papá había dicho que eligiéramos las literas de arriba, aunque fuera más difícil subir cuando estuviéramos más débiles. Ahora me daba cuenta de que estar arriba al menos nos protegía de los accidentes de los que no conseguían llegar al baño.

La comida era lo primero en nuestra agenda. Pensábamos en ella durante el día y soñábamos con ella durante la noche. Todo el tiempo fantaseaba con las comidas de casa. Recordaba lo mucho que había odiado la sopa de tomate con arroz de mi madre, pero ahora pensaba en lo maravilloso que sería tomar un tazón. Le dije a D-os[*] que si sobrevivía y salía de ese lugar, sería una persona

---

[*] En la religión judía no se pronuncian las cuatro letras sagradas para referirse a Dios. Por lo tanto, su escritura también debe ser incompleta. [N. del E.]

muy buena. Viviría feliz en un bosque solo, y un trozo de pan, una papa y un vaso de leche serían un sueño hecho realidad.

Las noches eran el momento en que los recuerdos del hogar y la familia volvían a mi mente. ¿Cuánto tiempo había pasado desde que me fui? Solo un par de meses, aunque me parecían mil años. Podía ver a mi familia, la cara de cada uno de ellos. No quería olvidar cómo eran ni lo que me habían enseñado. Pero, al mismo tiempo, sabía que si me dejaba llevar por mis pensamientos, me volvería muy vulnerable. Así que me obligué a dejar de recordar y entonces pude dormir más profundamente. Aun así, siempre me parecía que las mañanas llegaban demasiado pronto, y la ronca voz del Kapo gritándonos que bajáramos de nuestras literas era la peor forma de iniciar el nuevo día.

Conforme pasaban los días, me di cuenta de que algunos hombres tenían los ojos vidriosos y actuaban como borrachos que ya no podían seguir órdenes. Los golpeaban, pero daba igual. Habían renunciado a vivir. Inevitablemente eran señalados y llevados a las cámaras de gas. Yo no sabía nada de la depresión, así que me preocupaba que el comportamiento de aquellos hombres fuera contagioso. Decidí no infectarme de lo mismo que ellos. En las semanas y meses siguientes me enfrenté muchas veces a situaciones desesperadas, pero estaba decidido a sobrevivir.

Capítulo 11
Fantasmas andantes

Un día de junio nuestra unidad fue enviada a Auschwitz II, donde se estaba ampliando la cerca perimetral. Nuestro trabajo consistía en colocar los numerosos postes de cemento a los que se conectaban los cables de la alambrada electrificada. Se necesitaban tres presos para levantar uno de estos postes, que pesaban muchísimo. Era un trabajo agotador que me oprimía todo el cuerpo, sobre todo los hombros. Cada vez que estábamos listos para mover una columna, contábamos hasta tres y la levantábamos a la vez. Bajábamos el poste a una zanja, subíamos por el otro lado y lo colocábamos en un hoyo cavado previamente. Si uno de nosotros vacilaba o se tropezaba, todos habríamos sido aplastados por el peso. Mientras tanto, el Kapo a cargo nos acosaba y gritaba: "¡Más rápido! Más rápido".

Cuando colocamos el primer poste, mi cuerpo ya estaba agotado y me preguntaba cómo conseguiría levantar el siguiente. Me costaba un esfuerzo y una concentración sobrehumanos poner un pie delante del otro mientras aquel peso aplastante amenazaba con tirarme al suelo. Nos asignaron este trabajo durante tres días consecutivos bajo la estricta vigilancia del Kapo, que nos observaba en busca de cualquier señal de relajación o sabotaje. Mi cuerpo pedía a gritos agua, comida y descanso. Cuando llegaba la pausa de 30 minutos para comer, saboreaba cada gota de la sopa aguada y cada momento de sombra bajo un abedul.

Mientras comía, noté una pequeña espiral de humo que salía de la enorme chimenea del crematorio. Al principio parecía inofensiva, pero al cabo de unos minutos empezó a expulsar llamas rojas y furiosas. En los días húmedos el humo no se elevaba, sino que se mantenía bajo, cubriendo una gran área, y las cenizas llovían en copos. El olor a carne quemada se me quedó en la nariz y me hizo sentir enfermo. Para entonces ya estaba bastante familiarizado con el proceso de exterminio. Había escuchado historias en el campo sobre las cámaras de gas y sabía que los nazis convencían a la gente de entrar diciéndole que iría a las regaderas para ser desinfectada, lo que creaba una falsa sensación de seguridad. Una vez dentro, estas personas, con frecuencia dos mil a la vez, eran ejecutadas con el gas Zyklon B. Ahora, mientras veía salir el humo de la chimenea, me preguntaba quién estaría ahí dentro y de dónde vendría.

Un día de finales de junio o principios de julio salimos a trabajar acompañados por las notas de la orquesta y me imaginaba las sorpresas que me aguardaban. Llovía a cántaros. Estaba empapado y el agua resbalaba por mi cuerpo hasta las botas. Era un día caluroso y húmedo, así que la lluvia se sentía bien y pudimos beberla para mantenernos hidratados. Me quité la gorra empapada, la retorcí y bebí el agua que pude escurrir de ella.

Regresamos de nuevo al campamento satélite, Budy, y vi que el carro plano estaba apilado con cestas de paja tejida para algún propósito desconocido. Nos llevaron de vuelta a las ciénegas que habíamos drenado de agua unas semanas antes. Ahora los campos estaban algo secos y había una montaña de polvo blanco a un lado. Esta sustancia blanquecina era cal química (hidróxido de calcio), que se usaba como fertilizante. Nos ordenaron cargarla en las canastas, que enseguida se volvieron muy pesadas porque la cal estaba saturada de agua de lluvia. Tan pronto como llenábamos una canasta, nos dirigíamos a los campos que habíamos drenado unas semanas antes y nos ordenaban que aplicáramos la cal al suelo. Sostenía la canasta en el muslo con la mano izquierda y utilizaba la derecha para recoger todo lo que podía y esparcirlo por el campo. Cuando las cestas se vaciaban, volvíamos a llenarlas. El proceso duró varios días. El producto químico blanqueó el color de nuestros uniformes y pasamos a ser conocidos como los Comandos Fantasma.

A medida que la cal húmeda se filtraba de las canastas, pasaba por nuestras camisolas y sobre la piel. Quería rascarme todo el cuerpo, aunque eso solo empeoraba las cosas: la piel se irritaba más, se agrietaba y sangraba. Me preguntaba cómo iba a sobrevivir a este trabajo, pero no había alivio. Las labores continuaron durante una semana, hasta que terminamos de esparcir la cal en las zanjas. Para entonces, la carne de los dedos de mi mano derecha estaba carcomida y la piel de mis rodillas había desaparecido, dejando al descubierto el hueso. Me aterrorizaba que esta sustancia química me devorara por entero. Al final del día, procuraba lavarme los poros, pero no teníamos pomadas ni tratamientos que ayudaran a sanar la piel. Éste era un trabajo que normalmente se debería realizar utilizando algún tipo de equipo, para evitar el contacto directo con el producto químico; sin embargo, a los nazis no les importaba nuestra salud y seguridad. Éramos prescindibles.

Durante los tres últimos días de esta labor, trabajamos cerca de unos estanques de patos. Podía ver y oír a los patos mientras trabajábamos. Al final de cada uno de los tres días, como forma de deporte, el Kommandant nos ordenaba correr al agua con la ropa y las botas puestas y luego ordenaba a los guardias que soltaran a sus perros. A los que no corrían lo bastante rápido los mordían. Yo era consciente de que cuando me echara al agua, los otros podían caerme encima y ahogarme, así que siempre intentaba correr más que los demás. El último día, después de saltar al agua, nadé hasta unos juncos cercanos y encontré un nido con dos grandes huevos de pato. Fue un milagro. Sabía que comérmelos era peligroso: si alguien me viera, podía ser castigado duramente o incluso matado. Pero eran una tentación tan grande que no me importaron las consecuencias. Abrí uno y lo chupé. Sabía delicioso y me dio una infusión de fuerza que mi cuerpo tanto necesitaba. Cuando oí la orden de salir del agua y formarnos para el recuento, tomé el segundo huevo y me lo metí en la axila. Estaba decidido a llevárselo a mi padre al campo. Pero, durante la marcha de vuelta, el huevo se rompió. Me devastó perder este regalo que tanto había querido compartir. No hacía mucho tiempo que perder un solo huevo no me habría parecido nada, pero ahora esta pérdida era casi imposible de soportar.

CAPÍTULO 12

UN TROZO DE TOCINO

Un día, al volver del trabajo, vi a mi padre y a mi tío que me esperaban como siempre lo hacían. Aunque mi unidad era la última en volver por la tarde, nunca dejaban de esperar mi regreso. Unas cuantas veces habían conseguido traerse un trozo de pan o una papa de un destacamento de trabajo y compartían su buena fortuna conmigo. El riesgo era grande. Cuando los prisioneros regresaban al campo, el sargento de las SS encargado de la puerta revisaba a todos en busca de contrabando. Si veía algún comportamiento sospechoso, ordenaba al prisionero que levantara las manos. Si el hombre tenía algo escondido bajo la axila, se le caía de inmediato. El sargento entonces sacaba al infractor de la fila y anotaba su tatuaje y número de barraca. En el momento del pase de lista, se imponía el castigo: a veces latigazos y otras veces reasignación a una unidad penal (*Strafkommando*). Los reclusos de las unidades penales eran sometidos a duras palizas por parte de los Kapos y su esperanza de vida se reducía de forma considerable. A pesar de estos peligros, los prisioneros que lograban encontrar restos de comida siempre se arriesgaban a tratar de introducirlos de contrabando en el campamento. Buscábamos en todo momento cosas que pudieran mejorar nuestras posibilidades de supervivencia.

Todas las pertenencias de los deportados recién llegados se recogían en el andén de Auschwitz II-Birkenau y se llevaban a un edificio especial conocido como *Kanada* para su clasificación. La carne y otros alimentos también iban a parar a Kanada, donde los prisioneros los clasificaban. A veces los alimentos se utilizaban para ocultar objetos de valor, por ejemplo, una moneda dentro de un pan. Los prisioneros que trabajaban en el Kanada podían comer, pero tenían prohibido llevarse dinero, oro o joyas. Todos los objetos de valor eran recogidos por un guardia de las ss llamado contador.[1] Ese día en concreto la unidad de mi padre estaba trabajando cerca del edificio Kanada cuando una chica de nuestro pueblo lo reconoció. Como tenía acceso libre a los víveres de los equipajes, encontró un trozo de tocino y se lo entregó envuelto en un trapo. Fue un acto de amabilidad por completo inesperado. Mi padre, corriendo un gran riesgo personal, metió el tocino en Auschwitz I bajo su chaqueta. Luego me lo deslizó mientras estábamos en un grupo. Mi tío bloqueó la vista para que nadie viera esta transferencia. Me sorprendió encontrarme sosteniendo un trozo de tocino en mi mano. Éramos una familia tradicional ortodoxa, por lo que no comíamos cerdo de ningún tipo. Sin embargo, mi padre me dijo que debía comer un pequeño trozo todos los días. Él y el tío Eugene, que debían estar tan hambrientos como yo, no romperían con sus creencias religiosas, y me maravillaba su fortaleza. Pero mi padre me dijo que esto era una cuestión de vida o muerte y que debía elegir la vida.

Como trabajadores esclavos, no teníamos armarios para guardar cosas, pero yo había conseguido desprender una de las tejas del techo por encima de mi litera en la barraca, creando un pequeño espacio donde escondía algunos cachivaches, incluidos trozos de trapo. Escondí el tocino detrás de la teja. Durante varias noches esperé a que todos durmieran y, cuando estaba seguro de que nadie podía verme, zafaba la teja y sacaba mi tesoro secreto.

---

[1] En 2015, en el que quizá sea uno de los últimos grandes juicios a criminales de guerra nazis, se juzgó al contador Oskar Groening (véase el epílogo, págs. 227-228).

Sin cuchillo ni ningún otro utensilio, masticaba un pequeño trozo de tocino. Sentía la energía que fluía por mi cuerpo. Cada noche probaba otro bocado, solo una pequeña dosis de energía, y estoy seguro de que ese pedacito de proteína me daba la fuerza que necesitaba para afrontar el día siguiente.

Capítulo 13
Selecciones, julio de 1944

A principios de julio de 1944, las ss iniciaron una serie de selecciones en Auschwitz I. El simple hecho de oír la palabra *selection* me infundía miedo. Mis compañeros me habían explicado todo el proceso de gaseamiento e incineración y sabía que la selección significaba una muerte segura. Tomé la firme decisión de que si me seleccionaban, intentaría electrocutarme en las vallas o recibir un disparo desde las torres de vigilancia, antes que someterme a ser gaseado.

Una noche nos despertaron bruscamente de nuestro sueño. Los guardias de las ss y los Kapos gritaban: "*Raus!* ¡Selección! Dejen la ropa en la litera y diríjanse a la planta baja". Nos sacaron a empellones a la calle entre las barracas y nos obligaron a correr hasta un edificio cercano donde esperaban los médicos de las ss para hacer la selección. Pasamos ante ellos formados en fila. Miraban a cada preso para determinar quién estaba demasiado débil o enfermo para trabajar y quién podía continuar. Sabía que mi vida pendía de un hilo y el miedo casi me paralizó en un momento en el que debería haberme visto más vivaz y capaz de realizar un trabajo físico. Detuvieron a la persona que se hallaba delante de mí; anotaron su tatuaje y números de barraca en un portapapeles. Estaba sentenciado a muerte, pero para mí eso significaba una oportunidad de vivir. Mientras a él lo detenían, yo seguí avanzando hacia la salida del edificio, respirando aliviado cuando alcancé la puerta. Sabía que si me hubiera detenido un momento, me habrían examinado más de cerca y me habrían enviado a la muerte. Esa vez tuve suerte.

De vuelta en mi barraca, no conseguía conciliar el sueño. Me preguntaba qué les habría pasado a mi padre y a mi tío, que se encontraban en un barracón distinto al mío. ¿Cómo les habría ido? Tendría que esperar hasta la mañana para saberlo.

Al día siguiente corrí hasta su barraca, pero no estaban ahí. Pensé que había ocurrido lo peor. Aunque no tuve tiempo de investigar más, porque tenía que reunirme con mi unidad para el pase de lista. Pasé un día terrible pensando en ellos, pero intenté convencerme de que simplemente habían sido seleccionados para unirse a otro campo de trabajo. Esperaba lo mejor, aunque por dentro sabía que me estaba mintiendo.

Cuando regresé de mi trabajo aquella tarde, fui de inmediato a su barraca. Seguían sin aparecer. Pregunté a los que estaban en las literas contiguas si los habían visto, pero nadie los vio. Corrí a una zona cercada en donde las SS mantenían a los prisioneros seleccionados hasta que estaban listos para trasladarlos a Birkenau para ser gaseados. Vi a mucha gente deambulando por la zona y llamé a mi padre y a mi tío. En cuestión de segundos llegaron hasta la alambrada. Me alegré mucho de verlos, aunque al mismo tiempo sabía que probablemente serían nuestros últimos momentos juntos. No tenía palabras. No podía expresar ni una sola palabra de consuelo o esperanza. El guardia de la torre gritó: "¡Aléjense de la valla inmediatamente o disparo!". Mi padre extendió la mano a través de la alambrada de púas y me bendijo con una clásica oración judía: "Que D-os te bendiga y te proteja. Que Él sea misericordioso contigo. Que vuelva Su rostro hacia ti y te dé paz". Era la misma oración que pronunciaba mi padre para bendecir a sus hijos todos los viernes por la noche antes de la comida del *sabbat*. Luego dijo: "Si sobrevives, debes contarle al mundo lo que ha pasado aquí. Ahora vete". Mientras me alejaba, eché un último vistazo antes de doblar la esquina del edificio y no pude verlos más.[1]

Estaba desolado y confundido. ¿Cómo se siente un padre cuando se despide y deja a su hijo en un lugar tan perverso? Durante días, apenas existí; me sentía a la deriva en una neblina constante. Mis dos ángeles de la guarda se habían ido. Sin su aliento y sus pequeños regalos de comida, no habría podido sobrevivir a las dos primeras semanas en Auschwitz. Ahora era el único miembro vivo de mi familia inmediata, una sensación triste, solitaria y desalentadora. ¿Cómo iba a sobrevivir sin ellos?

---

[1] Véase el anexo.

CAPÍTULO 14

RECUPERACIÓN DE TIERRAS FUERA DE AUSCHWITZ

Al día siguiente las ss nos condujeron a un gran terreno cubierto de matorrales y lleno de grandes tocones de árboles. Nos ordenaron despejar toda el área y nivelar el suelo porque querían usar la tierra para cultivar grano y mostaza. Aunque el sol caliente nos golpeaba, el aire fresco era vigorizante y no parecía que este trabajo sería tan riguroso como los anteriores. Teníamos espacio para movernos y podíamos usar los arbustos como una especie de camuflaje para no estar bajo la vigilancia constante del Kapo o el Kommandant. Los guardias y sus perros de ataque se hallaban repartidos a lo largo del perímetro del área de trabajo y, aunque no podía verlos, sabía que patrullaban constantemente en círculo. Pensé en intentar escapar, pero pronto me di cuenta de que no había ninguna posibilidad de éxito. Estar bajo vigilancia permanente era como tener una bola y una cadena alrededor de mi cuello. El Kapo nos impulsaba sin piedad a trabajar a un ritmo rápido, pero teníamos algún respiro porque tenía una zona tan grande que patrullar.

Las ss nos dividieron en unidades para realizar diferentes tareas, como cortar arbustos y transportar las ramas a un área designada para la quema. Otros nivelaban el terreno o rellenaban zanjas con tierra. Mi unidad de cuatro personas recibió la orden de desenterrar las raíces de los grandes tocones. Dos de nosotros teníamos picos para aflojar la tierra y otros dos palas para removerla. Debíamos cavar en círculo alrededor de los tocones para que las raíces quedaran expuestas, pudieran cortarse y luego quitar los tocones. Calculé que haríamos este trabajo durante una semana. Todos los días, hacia el mediodía, un carro tirado por caballos llevaba las ollas con la sopa aguada y teníamos 30 minutos de descanso. La comida siempre era un momento arriesgado por los empujones que se producían entre los prisioneros. A menudo, tu lugar en la fila determinaba la cantidad de comida que recibirías y, por lo tanto, tu grado de saciedad. Éramos como lobos hambrientos desesperados por el sustento. Si un prisionero gozaba de la simpatía de la persona que servía la sopa, podía conseguir más verduras que se depositaban en el fondo del cuenco. Me dije que si sobrevivía, nunca volvería a formarme para nada. Sentía que no había humanidad aquí, solo degradación, deshumanización y el deseo de machacarnos en cuerpo y alma. Nos obligaban a pelearnos por la sopa para poder seguir adelante.

Un día, mientras saboreaba mi sopa aguada, escuché el silbido de una locomotora a corta distancia. Nos encontrábamos en una meseta, cerca de un río y algunas vías del tren, y estaba ansioso por ver qué venía hacia nosotros. Cuando la locomotora se acercó, pude ver que arrastraba muchos vagones planos. Cada vagón plano llevaba dos grandes tanques y en cada tanque había soldados con overoles negros de las SS. Cantaban, reían y saludaban mientras pasaban. Mis pensamientos se volvieron hacia adentro y deseé ser libre para cantar y reír como ellos. No había reído ni una vez desde mi llegada a este duro mundo dos meses antes. Pero luego me di cuenta de que estos soldados iban hacia el este para enfrentar a las unidades de tanques del Ejército Rojo ruso, y me pregunté si seguirían riendo entonces.

Después de comer la sopa, continuamos cavando hasta que el Kapo nos dijo que nos reuniéramos y nos contaran para la marcha de vuelta al campo. Estaba cansado, sediento y con hambre. Esperaba con impaciencia la taza de café de la noche, una rebanada de pan y un cuadrito de margarina, así como poder descansar en mi litera de madera.

A estas alturas, éramos una unidad de marcha experimentada, con el Kapo gritando las órdenes y marcando el ritmo. Cantábamos canciones alemanas mientras marchábamos. Marchar y cantar me ayudaba a sentirme más normal y me daba fuerzas para seguir adelante día a día en esta angustiosa situación. También demostraba a nuestros guardias que no nos podían vencer; de hecho, tenían que apresurarse para mantener nuestro ritmo. Si el viento soplaba en nuestra dirección, podía escuchar el sonido de la orquesta del campo a medida que nos acercábamos. Cada vez más, esta música era parte integrante de mi vida en el campo. Al igual que el café y el trozo de pan, me sostenía.

Al día siguiente estábamos trabajando en una profunda cavidad que habíamos excavado; toda la tierra formaba un montículo que nos ocultaba de la vista. Esto nos dio una sensación de seguridad y bajamos la guardia. Fue un peligroso error, porque el montículo también nos impedía ver si alguien se acercaba. En un momento dado, estábamos descansando despreocupados, con las herramientas en la mano, cuando de repente dos de mis compañeros se levantaron de un salto y de nuevo empezaron a trabajar furiosamente. Sentí un golpe en la nuca. Aunque no sentí dolor, tenía un zumbido en los oídos y una sensación de mareo se apoderó de mí. Cuando intenté recoger mi pala para reanudar el trabajo, sentí que algo caliente me chorreaba por el cuello y vi sangre. Me di la vuelta, vi a un guardia de las SS de pie detrás de mí y me di cuenta de que me había golpeado con la culata de su pistola. Nuestros ojos se cruzaron durante un segundo y vi su mueca retorcida y malvada. Pensé que estaba mirando al diablo.

La sangre seguía manando de la herida, entré en *shock* y me desmayé. Los otros prisioneros me sacaron de la fosa y me arrojaron a una zanja cercana para mantenerme apartado hasta el final del día. La sangre seguía brotando de la herida y por fin se acercó el sub-Kapo, un hombre llamado Stasek. Arrancó un trozo de mi vestimenta de prisionero y me dijo que orinara en él y luego me lo pusiera en la nuca. Este vendaje terminó por detener la hemorragia y se lo agradecí. Sin su ayuda y sus consejos, no habría podido volver al campamento.

Ya no podía trabajar. Lo intenté, pero mis pies no cooperaban y mis piernas no podían sostenerme. Mis pensamientos se sucedían como una película, una retrospectiva de mi vida hasta ese momento. Recordé las palabras de despedida de mi padre sobre contar al mundo lo que ocurrió en Auschwitz y supe que no podría cumplir su último deseo. Mi muerte sería el fin de la familia Eisen.

Cuando llegó la hora de comer, observé desde la zanja cómo servían la sopa, pero no podía ir ahí y nadie me la traía. Así, me dieron por perdido. En algún momento, el comandante Kuntz probablemente recibió el informe de que nuestra unidad tenía un prisionero menos y vino a verme. Pensé que sacaría su pistola de la funda y me dispararía en el acto. En lugar de eso, hizo una señal con su mano derecha, su dedo apuntando hacia arriba en un movimiento circular, lo que significaba que iba a subir por la chimenea del crematorio. Comprendí que mi destino estaba sellado. Me invadió un sentimiento de impotencia y pánico. ¿Cómo podía prepararme para enfrentarme a la cámara de gas? Me reducirían a un simple montón de cenizas. Siempre había planeado, como último recurso, correr hacia la valla electrificada y morir por mi propia acción, pero ya no era una opción porque había perdido la movilidad. Empecé a desear que el Kommandant me hubiera metido una bala en la cabeza. Pensé en mi familia y en lo que debieron sentir al enfrentarse a su propia muerte. Cuando mi madre entró en la cámara de gas, tenía a mis tres hermanos a su cuidado. Cómo debió de luchar hasta el último aliento en aquella horrible cámara. ¿Cómo sería para mí? ¿Lento o rápido? ¿Mi alma abandonaría mi cuerpo? ¿Volvería a encontrarme con mi familia? ¿Estarían todos esperándome? ¿Cómo los conocería? ¿Qué forma tendrían? Me sentía solo, sin nadie que me cuidara o consolara. Nadie podía salvarme.

Al final del día, nos formaron y nos contaron. Cargaron todas las herramientas en el carro de dos ruedas y me echaron encima.

Mientras la unidad marchaba de vuelta al campo, yo era muy consciente de lo que veía y oía a mi alrededor; era la última vez que experimentaría algo de eso. Dejaron el carro en un cobertizo con todas las herramientas dentro y dos reclusos me tomaron por los brazos y me arrastraron una corta distancia a través de las puertas del campo.

El sub-Kapo Stasek los dirigió al hospital del bloque 21, donde me dejaron en un pasillo, cerca del quirófano.

Capítulo 15
El quirófano

Me llevaron al quirófano y me quitaron la chaqueta ensangrentada, los pantalones y las botas. Me colocaron en una mesa de operaciones y alguien me puso una mascarilla en la cara y me administró éter. Cuando desperté, me encontré en una cama con el sabor de la anestesia en la boca. Tenía la cabeza vendada y estaba aturdido y débil. Me sorprendió seguir vivo después de la experiencia traumática del día anterior. A mi alrededor veía pacientes enfermos y esqueléticos. El instinto me decía que tenía que salir de ahí cuanto antes. Aunque estaba mareado y débil, conseguí levantarme de la cama por mi propio pie. Estaba decidido a caminar por la sala agarrándome de los barandales de las camas. Al final, tuve que volver a recostarme para ganar fuerza.

Había dos médicos a cargo del pabellón: el doctor Jakob Gordon, judío polaco, y un doctor judío francés de nombre Samuel Steinberg. A media mañana, el cirujano jefe, un prisionero político polaco llamado doctor Tadeusz Orzeszko, entró en el pabellón para ver cómo estaban los pacientes que se recuperaban de las operaciones. Cuando llegó mi turno, el doctor Gordon me quitó las vendas de papel y el cirujano jefe inspeccionó la herida de la nuca. Satisfecho, el doctor Orzeszko indicó al doctor Gordon que me pusiera vendas nuevas.

Para mi sorpresa, encontré mis botas cuidadosamente colocadas debajo de la cama. Pero llevaba una bata quirúrgica raída

Foto del doctor Tadeusz Orzeszko, tomada durante su encarcelamiento en Auschwitz I, 29 de julio de 1943.

y no tenía más ropa. Cuando le pregunté al doctor Gordon si podía conseguirme algo para abrigarme, me dio un par de pantalones blancos de algodón y una camisa blanca. Era la ropa que llevaban los médicos debajo de sus batas blancas. Me sentí limpio y presentable por primera vez en meses. Las raciones diarias eran las mismas, pero me dieron un cereal aguado tipo crema de trigo, reservado a los pacientes hospitalizados. Cuando este cereal se enfriaba, se volvía gomoso y apenas podía tragarlo.

Todos los pacientes que seguían en el pabellón después de tres días eran considerados no aptos para el trabajo y llevados a las cámaras de gas. En la mañana de mi tercer día en el pabellón, el sargento de las ss a cargo del bloque 21 llegó con camilleros y empezó a recoger las etiquetas de los pacientes que iban a ser trasladados. A medida que cada paciente era acostado en la camilla, su tarjeta de identidad era colocada a su lado. Cuando llegó mi turno, temí correr un gran peligro. Los camilleros nos bajaron por las escaleras hasta el pasillo principal; desde ahí nos sacarían por la puerta y nos cargarían en los camiones que esperaban.

El cirujano jefe, el doctor Orzeszko, estaba en el pasillo principal cuando aparecimos. Era un hombre alto y musculoso, de pelo rubio corto y ojos azul acero. Tenía un aura de serena confianza. Cuando me vio, detuvo a los camilleros, me ayudó a levantarme y me quitó la placa de identificación. Luego me condujo a la sala de preparación del quirófano, donde me entregó una bata de laboratorio y me dijo que ahora me ocuparía de la limpieza y otras tareas necesarias para el buen funcionamiento del quirófano.

Antes de que me reclutara, este puesto lo ocupaba un joven estudiante de medicina polaco que cumplía una condena de un año como preso político. En unos días sería liberado y yo sería su suplente. El estudiante me formó durante los días que le quedaban de trabajo, lo observé con atención y aprendí la importancia de dirigir la unidad sin problemas y con eficacia. Había una larga lista de cosas que hacer. Confiaba en mis habilidades de limpieza gracias a mi trabajo de aprendiz con el peletero, pero me intimidaba ver instrumental médico y otros equipos que no sabía cómo utilizar. Sin embargo, estaba decidido a hacerlo bien y sabía que mi vida dependía de mi actuación.

La sala de preparación tenía dos lavabos con agua caliente y fría donde los cirujanos se lavaban antes de cada operación. Había un enorme autoclave para esterilizar sábanas, batas, mascarillas, guantes y otros artículos, así como un esterilizador de instrumental con varias bandejas y un temporizador que había que programar. Tuve que aprender estas y otras muchas tareas. Las estanterías de los gabinetes estaban en perfecto orden con instrumentos como pinzas, bisturíes, martillos, sierras, cinceles, tijeras de todas las formas y tamaños, jeringas y agujas. Había dos mesas de trabajo para preparar los artículos y compuestos antes de las cirugías. En los armarios había vendas de papel, bolas de algodón, yeso para escayolas, productos de limpieza, desinfectantes, escobas, trapeadores, cubetas y otros utensilios. El quirófano contaba con una mesa de operaciones básica con una lámpara de techo, varios focos portátiles y un aparador en el que se guardaban la novocaína y el éter. No disponíamos de plasma o terapia intravenosa.

Al principio no me sentía cómodo viendo actuar a los cirujanos, sobre todo cuando los vi hacer la incisión inicial. Pero enseguida me acostumbré a la sangre y al ambiente cruento del quirófano. Cuando los cirujanos terminaban su trabajo, salían por la puerta batiente a la unidad preoperatoria y se quitaban las batas y los guantes. Llegaban dos camilleros, ponían al paciente en una camilla y lo llevaban al pabellón superior. Mi trabajo consistía en limpiar de inmediato el suelo y desinfectar la mesa de operaciones. Tenía que ser rápido. En menos de 30 minutos otro paciente estaría tendido en la mesa y preparado para su operación. Yo tenía toda la responsabilidad del mantenimiento eficiente de estas dos salas para que los médicos pudieran seguir realizando sus tareas.

Cada noche, los pacientes que serían operados al día siguiente tenían que recibir enemas. Mi deber era administrar el enema y ayudar a los pacientes a evacuar sus intestinos. Al principio no me gustaba esta tarea, pero se convirtió en rutinaria y necesaria.

Si el paciente no se ponía un enema, podía ensuciar la mesa de operaciones y la limpieza postoperatoria sería el doble de difícil. Día tras día llegaban nuevos pacientes al bloque 21. Estaban esqueléticos, débiles y enfermos, y se acercaban al final de sus luchas. También sabían que, a menos que pudieran salir de ese pabellón por su propio pie, su siguiente parada sería la cámara de gas. Así que todos los pacientes se enfrentaban a un tremendo dilema. Muchos tenían hernias severas, flegmón (enfermedad que devora la carne), miembros rotos, apéndices reventados o heridas graves por balas que desgarraban la carne y destrozaban los huesos. Verlos aceptar estoicamente su destino dentro de la lógica retorcida del campo de concentración me hizo darme cuenta de lo valientes que eran.

Los cirujanos del bloque 21 hacían todo lo que podían en condiciones imposibles. El quirófano era, en muchos aspectos, una pantalla para demostrar lo "bien" que cuidaban los nazis a sus internos. Los pacientes estaban destinados a la aniquilación, porque en la mayoría de los casos no tenían remedio. Pero los cirujanos se tomaban su trabajo con seriedad y hacían lo mejor que podían por ellos. Los médicos eran prisioneros y tenían que bailar al son de los oficiales de las SS a cargo del campo. Mi trabajo, en el esquema de las cosas, consistía simplemente en asegurarme de que el quirófano estuviera reluciente y limpio en todo momento.

Mi jornada laboral empezaba a las siete de la mañana y solía durar 12 horas. Mi sistema era estricto y preciso. Empezaba el día esparciendo polvos de talco por el suelo de la sala de preparación y el quirófano, luego me ponía de pie sobre dos trapos y con los pies sacaba brillo al linóleo. Recogía las sábanas, batas y mascarillas recién lavadas de los estantes de la lavandería y las colocaba en perfecto orden en tres contenedores perforados. A continuación, introducía estos bidones en el autoclave, cerraba, atornillaba la tapa y encendía el vapor a alta presión para esterilizar la ropa blanca. Por último, preparaba el instrumental para las operaciones del día. Cuando llegaban los cirujanos a las diez de la mañana, ponía a hervir el agua para su té y me tomaba un descanso de 15 minutos antes de que empezara la primera operación. Los pacientes estaban en fila en una banca en el pasillo y yo los llamaba por número en el orden que me habían dado. Mientras los cirujanos se lavaban, yo ayudaba al paciente a colocarse en la mesa, lo cubría con una sábana y luego iba a la unidad preoperatoria para ayudar a los cirujanos a atarse las batas y las mascarillas y a sujetar los guantes de látex para que pudieran meter las manos. A los pacientes operados de la cintura para abajo, los médicos les aplicaban una epidural con novocaína. A veces tenía que administrar éter a los que operaban por encima de la cintura, y les daba instrucciones para que contaran de 30 a uno a medida que el éter hacía efecto. Mi última tarea era llevar los instrumentos a la mesa de operaciones y colocarlos ante el cirujano asistente.

Al terminar el día y después de la última operación, los cirujanos se marchaban y yo me encargaba de volver a poner orden en las salas para el día siguiente. Me di cuenta muy pronto de que necesitaba un sistema eficaz para no perder tiempo y facilitar el trabajo. Al final de cada jornada, mi trabajo consistía en recoger todas las sábanas, batas, toallas y mascarillas ensangrentadas y llevarlas al barracón de la lavandería que estaba a un costado para que las lavaran. Esta lavandería estaba abierta las 24 horas del día y desinfectaba la ropa de miles de reclusos. Llegué a conocer al Kapo encargado y un día me atreví a pedirle una chaqueta y unos pantalones limpios. Me llevó a un montón de ropa y me permitió elegir prendas que me quedaban mejor que las que llevaba puestas. También conseguí material limpio para quitar el polvo y limpiar el quirófano y la unidad preoperatoria, así como material para envolverme los pies a modo de calcetines. Era un contacto importante. No pertenecía a los estratos superiores de la jerarquía del campo, pero trabajar en el hospital me daba algunos pequeños privilegios. En el campo utilizábamos la palabra *organizuj* para referirnos a formas de mejorar nuestra suerte o sobrevivir al hambre debilitante. Si encontrabas un recurso extra que pudieras intercambiar por zapatos, comida o ropa, podía suponer la diferencia entre la vida y la muerte.

Mi siguiente tarea después de la lavandería era barrer y trapear el piso del quirófano y fregar las paredes, si era necesario. Luego tenía que lavar todo el instrumental, sobre todo las pinzas, que había que cepillar con cuidado para eliminar cualquier tejido que tuvieran; las tijeras, las jeringas, los bisturíes y las agujas los guardaba por separado para evitar cortes en los dedos. Cuando todo estaba limpio, los ponía a secar; había que quitarles toda la humedad antes de colocarlos en la repisa de forma organizada. También había que afilar los escalpelos en una piedra fina y dejarlos listos.

Cuando la sala preoperatoria y el quirófano estaban limpios y listos para el día siguiente, apagaba las luces y subía a mi litera en una habitación que compartía con los médicos y los camilleros. Al final de cada jornada estaba agotado, pero siempre tardaba un rato en dormirme. Me daba cuenta de la fortuna que tenía de trabajar en el bloque 21, a pesar de mi devastadora lesión en la cabeza, que en realidad había resultado ser mi golpe de suerte.

Capítulo 16
Cirugías en el bloque 21

Una tarde vi a una paciente que llegó en ambulancia de Auschwitz II-Birkenau, supuestamente para una operación de apendicitis. El doctor Orzeszko metió la mano en un armario cerrado y sacó un instrumento especial con un tallo largo y un rapador ovalado en el extremo. No había visto antes este tipo de instrumento. La paciente era una mujer de aspecto saludable y no tenía la cabeza rapada como las demás reclusas. Mientras esterilizaba los instrumentos, escuché al doctor hablar con ella en polaco y supuse que se trataba de una prisionera más prominente. Antes de que empezara la operación, varias presas políticas polacas ancianas de las barracas y de las habitaciones llegaron al preoperatorio y se reunieron con el doctor Orzeszko. Por lo poco que entendía de polaco, comprendí que iban a posicionarse hasta la puerta principal y nos avisarían si algún oficial de las ss se dirigía al quirófano.

Vi cómo el doctor Orzeszko hizo la incisión inicial para una operación de apéndice y luego se limitó a ligar las venas y a suturar de inmediato la herida. ¿Era esto algún tipo de operación en superficie? Estaba confundido, pero no podía hacer preguntas. Me ordenaron que fuera a buscar un balde vacío, y cuando volví encontré a la paciente atada a unos soportes para las piernas. El doctor Orzeszko me dijo que me agachara bajo la mesa de operaciones y sujetara la cubeta mientras él introducía el largo instrumento en la vagina de la paciente. En pocos minutos empezó a manar sangre en la palangana y vi la cabecita, los brazos y las piernas de un feto. El médico me dijo que tirara inmediatamente el contenido del balde y que me asegurara de que nadie me viera hacerlo. Cuando volví al quirófano, desaté las piernas de la paciente y limpié su cuerpo de sangre; los camilleros la pusieron en una camilla, la subieron a la ambulancia y se fue. Fue la única vez que vi que atendiera a una paciente mujer.

Estuve tenso durante toda la operación y comprendí lo peligroso de la situación. Cuando la mujer regresó sana y salva a Auschwitz II-Birkenau, sentí que los dos cirujanos respiraban aliviados, más que nada, supuse, porque no los habían descubierto con ella y no tanto por el éxito del procedimiento. Este tipo de cooperación era posible porque los prisioneros políticos polacos pertenecían a una categoría distinta a la de los judíos y otras personas. Cualquier mujer judía que se descubriera embarazada era condenada a muerte sin trámite, pues la ideología racial nazi se basaba en la erradicación de todos los niños judíos. Pero el embarazo también era un riesgo para las prisioneras polacas, quienes contaban con una sofisticada resistencia clandestina que operaba delante de las narices de los nazis y, gracias a ello, podían ayudarse mutuamente en situaciones críticas. Si los administradores del campo se hubieran enterado del aborto, estoy seguro de que habría sido el fin de todos nosotros.

En otra ocasión llegó un paciente al bloque 21 acompañado por dos hombres de la Gestapo. Llegaron cuando ya habían terminado las operaciones del día y yo estaba limpiando. Me ordenaron que llamara inmediatamente a los dos cirujanos para que fueran al quirófano. Cuando el doctor Orzeszko llegó a la unidad preoperatoria, le entregaron un sobre con radiografías. El paciente tenía unos 60 años y estaba infectado de tuberculosis en dos costillas, justo encima del corazón. Era distinguido y vestía bien, con el pelo más largo y una bonita chaqueta de *tweed*. El doctor Orzeszko le habló en alemán sobre sus síntomas y detecté un acento húngaro en su discurso. Parecía que estaba haciendo un trabajo importante para el régimen nazi.

Ayudé al hombre a desvestirse y a subirse a la mesa; lo tapé con una sábana. El doctor Orzeszko me pidió que llevara y esterilizara algunos instrumentos, como un serrucho de acero inoxidable y unas pinzas de corte. Intuía que iba a ser una operación difícil. El doctor Orzeszko y su cirujano ayudante me explicaron el procedimiento que iban a seguir: cortarían un trozo de hueso de diez centímetros de las dos costillas enfermas cercanas al corazón. Parecían preocupados por cómo podrían realizar esta operación con instrumentos y recursos tan limitados, y, sin embargo, se dispusieron a proceder. Tuve que afeitar la zona izquierda del tórax del paciente. Luego lo durmieron y comenzó la operación.

Tras la primera incisión, pinzaron las venas y ambas costillas quedaron expuestas. El doctor Orzeszko cortó con la sierra las costillas del hombre cuidadosamente, consciente de los riesgos al estar el corazón tan cerca. Después de un largo día de operación, debía de sentirse muy cansado y yo tenía que limpiarle el sudor de la frente a cada rato. Por fin retiraron las costillas enfermas y pude ver el corazón bombeando en el pecho del paciente. Por desgracia, el doctor Orzeszko no consiguió encontrar ninguna vena sin pinzar y sangraba profusamente. Llenó una palangana con gasas ensangrentadas y parecía muy preocupado porque los latidos del corazón del hombre disminuían y perdía mucha sangre. Era urgente hacer algo.

El doctor Orzeszko me dijo que tomara una barra de pan de la despensa de la unidad preoperatoria, la utilizara para sobornar a un ordenanza de la sala de arriba y lo llevara al quirófano. El hombre fue colocado en una camilla al lado de la mesa de operaciones y el doctor Orzeszko preparó un tubo con dos agujas. Introdujo una de ellas en una vena de la mano izquierda del paciente y la otra en una vena de la mano derecha del ordenanza. El ayudante del doctor Orzeszko accionaba una válvula para controlar el flujo sanguíneo. Si éste no se regulaba, podría haber puesto en choque al paciente. Era una transfusión directa de cuerpo a cuerpo.

El doctor Orzeszko observó con atención cómo los latidos y el color del paciente parecían estabilizarse. También consiguió encontrar y pinzar la vena sangrante. Todos los que estábamos en el quirófano nos sentimos aliviados. Se ligaron las venas, se retiraron y contaron las pinzas y se suturó la incisión. Esperábamos que los grupos sanguíneos de los hombres fueran compatibles, pero no teníamos forma de saberlo. Volvieron a meter al paciente en la ambulancia y él y su acompañante abandonaron el campo. Quedé maravillado por la rapidez mental y la entereza de los médicos al proceder en esas circunstancias y, a su vez, aprendí una lección importante sobre cómo actuar en situaciones para las que no se está preparado y cómo utilizar los recursos que se tienen a mano.

Cierto día, un joven vestido con ropa de partisano, pantalones y botas de montar, un suéter grueso y un abrigo corto de invierno, fue llevado al quirófano por una ambulancia custodiada por dos hombres de la Gestapo. El fémur de su pierna derecha estaba completamente destrozado y solo se sostenía por algunos músculos. Los agentes de la Gestapo le dijeron al doctor Orzeszko que si no lograba salvarle la vida, perdería la suya.

Cuando colocamos al paciente en la mesa de operaciones, era evidente que había perdido mucha sangre. Era una herida terrible. El doctor Orzeszko habló con el hombre en polaco mientras yo estaba en la sala preoperatoria alistando el instrumental. El cirujano ayudante trabajaba en varias placas de acero, taladrando agujeros y haciendo tiras que sirvieran para unir los huesos destrozados con tornillos. Coloqué todos estos elementos, junto con el instrumental, en la cámara de esterilización. Fue una operación muy difícil porque el doctor Orzeszko tuvo que quitar varios centímetros de hueso y unir los muñones con las placas de acero.

CIRUGÍAS EN EL BLOQUE 21

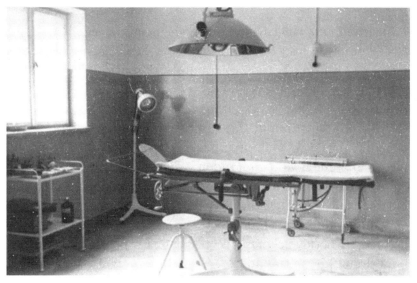

La unidad preoperatoria (arriba) contenía lavabos para lavarse; un autoclave para esterilizar batas, sábanas y otros artículos; una gran chimenea en la esquina; un esterilizador para instrumentos; y un gabinete de almacenamiento con puertas de cristal. El quirófano (abajo) estaba austeramente equipado solo con los implementos más básicos.

Fotos cortesía de Yad Vashem.

Intentó dar al paciente toda la altura posible al unir los huesos, pero la pierna herida acabó siendo cinco centímetros más corta que la buena. El paciente estaba en coma cuando fue trasladado al barracón 11 por la Gestapo.

Después me enteré de que, antes de la operación, el doctor Orzeszko había descubierto que era miembro de la resistencia polaca y le preguntó por la ubicación de su unidad. Sabiendo que la única razón por la que la Gestapo quería salvarle la vida era para torturarlo a cambio de información cuando se recuperara, el doctor Orzeszko le indujo un coma para ganar tiempo y avisar a su unidad de que se dispersara o se trasladara antes de que la Gestapo pudiera averiguar su paradero.

El flegmón, una enfermedad que come la carne del enfermo, era frecuente entre los prisioneros debido a la falta de alimentos y nutrición. En una ocasión operamos a un paciente con un caso grave que se había extendido por encima de una rodilla, lo que significaba que había que amputarle la pierna. Me ordenaron que sujetara la extremidad mientras el médico cortaba el fémur con una sierra. Tras la amputación, me encontré sujetando la pierna amputada y preguntándome qué hacer con ella.

Aunque había asistido a innumerables operaciones, nunca había estado en una situación parecida y me sentía bastante inquieto. Coloqué la pierna en el suelo del quirófano y vi cómo los médicos cerraban la herida del muslo del paciente. Le introdujeron un tubo para drenarlo y lo trasladaron a la sala de arriba. Me dediqué a limpiar el quirófano y el instrumental, pero evité ocuparme del miembro amputado. Por fin el doctor Orzeszko me dijo que lo llevara a la barraca experimental que había junto al quirófano. Nunca había estado en el bloque 22, pero había escuchado que ahí se realizaban terribles experimentos. No quería oír hablar de ellos y, por supuesto, tampoco quería verlos. Pero tenía un trabajo que hacer.

Envolví la pierna en una sábana, me la eché al hombro y me dirigí al bloque 22. Manaba un fuerte olor a formol. Informé de mi presencia al oficial de las SS a cargo y le pregunté dónde debía depositar la pierna. Me condujo a una sala en la que había tinas llenas de formaldehído atestadas de partes de cuerpos humanos de todo tipo. Cuando me dijo que metiera la pierna en una de ellas, la bajé con cuidado y sin la sábana. Todo mi cuerpo temblaba por el espectáculo que tenía delante y los olores del lugar, y no veía la hora de irme.

Al salir, vi a un grupo de chicos desnudos acurrucados en una habitación. Habían sido castrados y vi hilo quirúrgico colgando de sus penes; estaban sumidos en un estado de *shock* y confusión. Ni en sus ojos ni en su comportamiento se percibía ni la más mínima chispa de vida. Volví a toda prisa a la barraca y continué mi trabajo, agradecido de estar todavía entero, pero incapaz de olvidar la mirada de aquellos muchachos.

En los meses de julio, agosto y septiembre de 1944 los bombarderos estadounidenses sobrevolaban casi a diario el lugar a mediodía. Tenían como objetivo instalaciones que producían municiones y otros materiales de guerra, como la Weichsel-Union-Metallwerke, cerca de Auschwitz I, y la planta de caucho sintético de I. G. Farben, en Monowitz (Auschwitz III). Una sirena alertaba a la población del campo cuando se aproximaba un bombardero, y todas las unidades que trabajaban a una distancia razonable del campo debían regresar para asegurarse de que nadie pudiera escapar durante los intensos bombardeos. Una vez que todas las unidades de trabajo estaban dentro del campo, se cerraba la puerta principal y se activaban los cables de alta tensión para disuadir a cualquier fugitivo.

Un solo avión Pathfinder sobrevolaba la zona y lanzaba una bengala para señalar el lugar donde los bombarderos comenzarían a soltar su carga. En cuestión de minutos se oía el zumbido de los potentes motores de los bombarderos. Era todo un espectáculo. Volaban en escuadrones, espaciados uniformemente, en un despliegue de fuerza que me llenó de esperanza. Por fin parecía que venían poderes superiores y que mi cadena de esclavitud se rompería. Pensaba que Estados Unidos vendría a liberarnos y que los nazis pagarían por todos los males que habían cometido.

Cuando las bombas cayeron, el suelo tembló como un terremoto y la metralla voló por los aires. En voz baja dije: "Sigan lanzando las bombas". Más tarde supe que la Fuerza Aérea de Estados Unidos atacó durante el día y la Real Fuerza Aérea Británica bombardeó durante toda la noche. Los cañones antiaéreos del campo, colocados a propósito cerca de la valla perimetral para garantizar su seguridad, disparaban contra los escuadrones de bombarderos, pero los aviones estaban casi siempre fuera de su alcance. Uno fue alcanzado y empezó a caer en picada. Eso me descorazonó hasta que vi abrirse los paracaídas y supe que la tripulación había salido del avión siniestrado. En el verano de 1944 los Aliados dominaban los cielos de la Polonia ocupada y nunca vi un solo caza alemán atacar a los bombarderos aliados. Anhelaba poder ser tan libre como los pilotos de arriba, cuyos movimientos no estaban controlados por fuerzas malignas.

En el mes de septiembre, a mitad de una cirugía, hubo un fuerte bombardeo. Tuvimos que interrumpir nuestro trabajo y abrí las ventanas del quirófano y de la unidad preoperatoria para que no se estrellaran a causa de la explosión de las bombas. Afuera la metralla y los fragmentos de cristal caían por todo el campo. Cuando los bombarderos se alejaron, sonaron las sirenas de "todo despejado". Cerré las ventanas y se reanudó la operación.

Mientras disponía todo para el siguiente paciente, se abrió la puerta del preoperatorio y un oficial de las ss desconocido empezó a hablar con el doctor Orzeszko. Le ordenó que despejara el quirófano para varios heridos de las ss que estaban de camino en ambulancia. El agente anunció que él realizaría las operaciones y que el doctor Orzeszko le ayudaría. Era el doctor Fischer, el médico del campo, encargado del control de enfermedades contagiosas en el campo que pusieran en peligro al personal de las SS.

Llevaron varias camillas al bloque 21 y las alinearon en el pasillo. El doctor Fischer y el doctor Orzeszko comprobaron el estado de los heridos de las SS para determinar quienes debían ser atendidos primero. La mayoría tenía heridas de metralla en las piernas, el pecho y los brazos. Me ordenaron que les cortara los uniformes y los preparara para la operación. Estos hombres de las SS sangraban y gemían de dolor; el color de su sangre era el mismo que el mío. Estos asesinos no eran tan valientes cuando permanecían acostados boca arriba. De repente me sentí eufórico al pensar que un adolescente judío de 15 años estaba al mando mientras ellos yacían ahí, totalmente indefensos.

El doctor Fischer se desabrochó el cinturón de servicio con su arma y me lo entregó junto con su chaqueta. Luego se sentó en un banco para prepararse para la cirugía mientras yo controlaba la temperatura del agua. Me pidió que cubriera sus pantalones de montar con toallas para que no se mojaran y después me preguntó mi nombre, mi lugar de origen y mi fecha de llegada a Auschwitz. También me preguntó dónde estaba mi familia, pero no me atreví a decirle qué les había pasado. Le dije que no lo sabía. No sé por qué me preguntó por mi familia cuando debía de saber lo que había pasado con los transportes húngaros.

Cuando el doctor Fischer terminó de lavarse, le tendí la bata esterilizada para que pudiera meter las manos dentro. Medía más de dos metros, así que tuve que subirme a un banco para amarrar las cintas de la bata alrededor de la cintura y el cuello. También le até la mascarilla y sostuve los guantes de látex mientras se los ponía. Coloqué los instrumentos en el esterilizador, pero tomé la decisión instantánea de desinfectarlos solo durante cinco minutos en lugar de los 20 necesarios. No tenía ningún deseo de utilizar métodos seguros con criminales de las SS, y justifiqué mis acciones diciéndome a mí mismo que estaba en una guerra y que era la única herramienta que tenía para luchar contra el enemigo. Operamos a los soldados durante dos días en nuestro quirófano hasta que el hospital de las SS cerca de Birkenau, que había sido bombardeado, volvió a funcionar.

A finales de noviembre de 1944, un adolescente salió a hurtadillas de su barraca después del cierre nocturno del campo y trató de colarse en la cocina. Fue interceptado por el sargento Kaduk, que disfrutaba torturando y golpeando a la gente que encontraba fuera de sus barracones tras el cierre. Desde mi cama oí ladrar al perro de Kaduk y, poco después, escuché disparos de ametralladora desde la torre de vigilancia. El adolescente recibió un tiro en la cabeza. Lo llevaron de inmediato al quirófano para una operación de urgencia. Me llamaron al quirófano y los cirujanos llegaron poco después.

Colocamos al chico en la mesa y pude ver una grave herida de bala en el lado izquierdo de la sien, con orificio de salida en la parte posterior de la cabeza. Tenía gran parte del cráneo destrozado y estaba en coma. Los cirujanos limpiaron la herida, extrajeron fragmentos de hueso, detuvieron la hemorragia y le suturaron. No pudieron hacer nada más por él.

Los camilleros lo llevaron a la sala de arriba, donde el doctor Gordon se hizo cargo de él. Era el único paciente crítico en el pabellón y todos los médicos pusieron especial interés en que sobreviviera. Muchos días después, salió del coma y abrió los ojos. El doctor Gordon le habló, pero no respondió. Estaba paralizado y no podíamos administrarle ningún sustento ni teníamos líquidos intravenosos para alimentarlo. Estaba atrapado dentro de su cuerpo, con los ojos abiertos, sin posibilidad de responder. Parecía tener un daño cerebral masivo. El doctor Gordon comprobaba periódicamente las respuestas nerviosas del chico pinchándole las manos y los pies con una aguja y, al cabo de una semana, mostró cierta respuesta en un lado del cuerpo. Cuando el doctor Gordon le habló, el joven movía los ojos como si lo entendiera. El médico trabajó estrechamente con él y le enseñó a hablar de nuevo. Lo mantuvieron con vida solo porque era casi el final de la guerra y las cámaras de gas habían sido destruidas por orden del Kommandant del campo.

Más o menos en ese mismo periodo otro adolescente fue llevado al quirófano con un fuerte dolor en el abdomen. Cuando el cirujano abrió, se dio cuenta de que el apéndice había explotado y el adolescente murió en la mesa de operaciones. Todos sentimos tristeza por la muerte de un chico tan joven. Trasladaron su cuerpo a la barraca experimental contigua para su eliminación.

De todas mis experiencias en la unidad preoperatoria, la tarea más impactante fue cuando los hombres de las SS sacaban a los pacientes de la sala de recuperación para llevarlos a las cámaras de gas de Birkenau y regresaban unas dos horas después con los bolsillos llenos de dientes envueltos en trapos ensangrentados. Me ordenaron extraer las coronas y empastes de oro de estos dientes porque tenía acceso a instrumental médico. Mientras trabajaba, no podía evitar pensar que poco antes los propietarios de estos dientes estaban vivos. Y ahora no eran más que un montón de ceniza. Quitar las coronas de oro y los empastes me traumatizaba y sentía que, de alguna manera, participaba en la profanación de sus restos. Me preguntaba cuántos hombres de las SS se enriquecieron hurgando en los restos de sus cientos de miles de víctimas.

CAPÍTULO 17
UNA OLLA Y UN GUISO

Entre los prisioneros era bien sabido que, a menos que se te abriera una puerta, era imposible salir vivo de Auschwitz. Mi herida en la cabeza fue, irónicamente, la puerta que necesitaba.

Me había salvado del riguroso trabajo en el Kommando Landwirtschaft, es decir, en las arduas labores agrícolas. Pero ni siquiera esa oportunidad habría sido posible sin los primeros auxilios inmediatos que recibí del sub-Kapo Stasek, que detuvo la hemorragia y se encargó de que me trasladaran al quirófano del bloque 21. Sin su iniciativa, mi historia habría acabado en aquel campo de hierbajos y tocones de árbol. También le debo la vida al doctor Orzeszko, que no solo me operó, sino que me sacó de la camilla antes de ser enviado a la cámara de gas de Birkenau.

Trabajé en el quirófano durante seis meses y mis rutinas diarias estructuradas me permitieron sobrevivir lejos de los duros trabajos y de la amenaza de los guardias de las SS y de los Kapos. El doctor Orzeszko era un cirujano dedicado y hábil, respetado por sus compañeros y por los prisioneros políticos polacos de Auschwitz I. Sospecho que también desempeñó un papel integral en la resistencia polaca en el campo, hecho que fue confirmado más tarde por su familia.

Al poco tiempo de que comenzara a trabajar en el quirófano, un día el doctor Orzeszko abrió la puerta de una despensa y me mostró unas repisas llenas de alimentos: barras de pan, salami, cebollas, papas, zanahorias, sal y pimienta y una olla grande. Me asombró esa bonanza: más comida de la que había visto desde que salí de mi casa en abril de 1944. Me explicó cómo preparar un guiso con todas las provisiones y cómo utilizar el autoclave como olla a presión. Salivé ante el olor de la comida cocinándose. Por supuesto siempre existía la preocupación de que el aroma nos delatara, así que esta actividad se realizaba una vez terminadas todas las operaciones y cuando el oficial de las SS a cargo de la barraca se había ido a descansar. En menos de una hora la comida estuvo lista y en poco tiempo sentí que mi estómago estaba tan lleno que podría reventar. ¡No podía creer que acabara de comer *gulasch* en Auschwitz!

Las sobras se guardaban en la despensa y se consumían al día siguiente. El jefe de cocina nos hacía llegar los ingredientes para nuestros guisos, y yo sabía que era una de las pocas personas privilegiadas que tenía acceso a tales provisiones. Las calorías extra suponían una gran diferencia en mi salud general y mi resistencia, y este alimento fue clave para mi supervivencia. Al doctor Orzeszko, como a otros presos políticos polacos, se le permitía recibir mensualmente pequeños paquetes con alimentos y otros bienes. También podía recibir y escribir una carta al mes. Cuando le entregaban el paquete en el quirófano, lo abría con muchísimo cuidado, como si quisiera sentir el cariño de sus familiares en casa. Yo me alegraba por él, pero eso no hacía más que reforzar el hecho de que los reclusos judíos no tenían ese mismo privilegio. Ya no había nadie que nos pudiera enviar esos preciosos regalos.

Capítulo 18

La destrucción del Crematorio 4

Los *Sonderkommandos* eran reclusos judíos obligados a trabajar turnos de 12 horas eliminando a las víctimas de las cámaras de gas. Después de cada gaseamiento retiraban los cuerpos de las víctimas de las cámaras, les cortaban el pelo, arrancaban las coronas de oro de sus bocas y abrían orificios en sus cuerpos en busca de tesoros que pudieran haber sido ingeridos u ocultados. (Incluso el pelo tenía valor económico, porque los nazis podían convertirlo en tela.) Era el trabajo más espantoso y desgarrador que podía soportar un ser humano. Y, por si el trabajo en sí no fuera lo bastante malo en sí mismo, los nazis gaseaban a los Sonderkommandos cada 60 días para asegurarse de que no hubiera testigos de sus crímenes, de modo que los hombres sabían que su propia muerte era inminente.

El 7 de octubre de 1944 los Sonderkommandos hicieron volar el Crematorio 4. Habían fabricado explosivos rudimentarios con pólvora que habían obtenido de las reclusas que trabajaban en la fábrica Weichsel-Union-Metallwerke. También habían preparado bombas molotov. Cuando una unidad de las SS llegó para supervisar su ejecución, las reclusas les arrojaron las bombas molotov, matando a varios de ellos, y luego volaron todo el crematorio. En medio del caos que siguió, los Sonderkommandos escaparon por la puerta y corrieron hacia el perímetro del campo. Los guardias empezaron a dispararles, se organizaron en el acto y enviaron en su persecución grandes refuerzos de unidades de las SS. Abatieron a la mayoría de los hombres. De los casi 600 reclusos del Sonderkommando que participaron en la rebelión, solo seis lograron escapar a través de los tres cordones que rodeaban el campo hacia el bosque cercano.

Como resultado de este levantamiento, los internos de Auschwitz I y Auschwitz II fuimos obligados a permanecer de pie en el *appel* durante la noche como castigo colectivo. Muchos simplemente se dejaron caer y murieron de agotamiento. Mientras permanecía de pie, no solo estaba exhausto sino que también me consumía el temor ante otras posibles represalias. Cuando por fin nos despidieron, me sentí aliviado de volver al quirófano para continuar con mis tareas diarias.

Los oficiales nazis iniciaron de inmediato una investigación para determinar cómo habían conseguido la pólvora explosiva. Como la composición de la pólvora era específica de cada fábrica, la evidencia los llevó hasta Weichsel-Union-Metallwerke, donde cientos de mujeres de Birkenau trabajaban como esclavas. La Gestapo pudo entonces identificar a cuatro mujeres jóvenes, que fueron llevadas a la barraca 11 de Auschwitz I para ser interrogadas. No supimos nada más hasta el 5 de enero de 1945, cuando todo el campo fue reunido frente a la horca en Auschwitz I. Había muchas unidades de guardia de las SS alineadas para formar una barrera entre los reclusos y la horca, y el Lagerkommandant no tardó en llegar con sus propios guardias personales de las SS para supervisar las ejecuciones. Mientras miraba las sogas que colgaban de la horca, no tenía ni idea de quiénes serían las víctimas.

Por fin los guardias sacaron a las mujeres. Llevaban las manos atadas a la espalda y el rostro amoratado. Pero mantuvieron la cabeza alta mientras caminaban hacia el cadalso, donde les colocaron las sogas alrededor del cuello. Para prolongar la agonía, las ahorcaron una por una. Pero, antes de morir, cada una pronunció, con voz clara y fuerte, dos palabras en hebreo: *Chazak V'Amatz* ("Sé fuerte y valiente"). Estas mujeres fueron Ester Wajcblum, Regina Safirsztain, Ala Gertner y Roza Robota. Se mantuvieron firmes y sin miedo en la horca y murieron con valentía. Los miles de presos reunidos estaban indignados y la emoción era palpable; sentí que un solo estallido de alguien podría habernos llevado a la acción. Pero nosotros, que ya estábamos tan desalentados, solo pudimos reaccionar a esta indignidad con un profundo lamento colectivo. Sentí vergüenza por no haber podido estar a la altura de las acciones heroicas de las cuatro mujeres.

En cuanto terminó el ahorcamiento, el Lagerkommandant fue escoltado a toda prisa fuera del campo y las unidades de las SS se entremezclaron con la masa de prisioneros, gritando y golpeándonos en un intento de llevarnos a todos de vuelta a nuestras barracas. Con esta acción los nazis querían darnos el mensaje de que seguían teniendo el control. Nosotros, por supuesto, estábamos a su merced, sin resistencia física ni armas con las que luchar.

Pero en el aire se respiraba una nueva sensación de urgencia. El ritmo de las actividades cotidianas había disminuido de forma sensible. Muchas fábricas habían cerrado y habían transportado la maquinaria de vuelta a Alemania. Los camiones militares estaban ocupados cargando ropa, mantas y otros artículos de los almacenes donde se guardaban. Las SS apilaban expedientes médicos y tarjetas de registro delante de las barracas, luego les echaban gasolina y quemaban las pruebas. Estos fuegos continuaron ardiendo durante muchos días y noches. Oímos rumores de que las SS habían volado las tres cámaras de gas y los crematorios que quedaban, algo que recibí con alivio porque sabía que mientras estos motores de la muerte siguieran funcionando, yo corría peligro. Todo el sistema de Auschwitz se estaba desmoronando. Nuestra carga de trabajo en el quirófano se había reducido casi un 50 por ciento y yo tenía mucho tiempo libre. Sin embargo, me preocupaba haber dejado de ser útil como trabajador esclavo y me preguntaba qué nos harían los nazis cuando se acercara el Ejército Rojo.

Algunos presos prominentes y también soldados de las SS celebraron la Navidad y el Año Nuevo de 1944-1945 en Auschwitz I en una barraca decorada con ramas de pino, serpentinas y carteles que decían *Fröliche Weihnachten* y *Fröliche Neues Jahr* ("Feliz Navidad" y "Feliz Año Nuevo"). Me uní a los cirujanos y médicos del bloque 21 en la celebración. Las mesas estaban llenas de comida: salami, salchichas de morcilla y de hígado, queso, pan, aguardiente y cigarros. Los invitados a esta fiesta eran prisioneros políticos polacos, jefes de barracas, jefes de las habitaciones, médicos y comerciantes polacos, como electricistas y carpinteros. También había Kapos y sub-Kapos alemanes y austriacos. Estos hombres eran criminales y asociales en su vida fuera de Auschwitz que llevaban triángulos negros y verde oscuro para distinguirlos de los demás prisioneros. Los invitados del último grupo eran los comandantes de las SS de las diferentes unidades de trabajo. Eran sargentos y rangos inferiores; no había oficiales en este grupo. Calculo que había unas 100 personas reunidas en la sala. La comida desapareció pronto. El ambiente era festivo y cordial. Aunque no me sentí parte de la celebración, la comida sí me resultó absolutamente reconfortante.

En el espíritu de las fiestas, los invitados cantaron *O Tannenbaum* —todo el mundo parecía conocer la versión alemana—, y después los austriacos entonaron una canción titulada *Wien, der Stadt meine Träume* (*Viena, la ciudad de mis sueños*). Tras las canciones, la sala se volvió melancólica. Observé las reacciones de los tres grupos principales. Los prisioneros políticos polacos estaban esperanzados porque se daban cuenta de que la guerra llegaba a su fin y creían que pronto se reunirían con sus familias; los soldados de las SS eran conscientes del avance del Ejército Rojo y sabían que su futuro era muy incierto; y los hombres del tercer grupo, los criminales y asesinos que eran nuestros Kapos, estaban tristes porque no tenían nada que esperar y ya no ocuparían puestos de poder. Yo era el extraño en esta reunión. No me sentía ni esperanzado ni triste, pero me preocupaba el miedo a que los nazis nos mataran a todos antes de abandonar el campo. A menos que me liberaran, no tendría un final feliz. La guerra se acercaba a su fin, pero la libertad parecía muy lejana.

Capítulo 19
La marcha de la muerte

Al igual que tantos otros prisioneros, vivía con la esperanza de que el Ejército Rojo llegara en una o dos semanas y nuestra pesadilla terminara por fin. El 18 de enero de 1945 mis esperanzas se desvanecieron. Muchos prisioneros de campos satélites fueron llevados a Auschwitz I y corrió el rumor de que íbamos a ser evacuados. No sabíamos dónde iba a acabar esto y si los alemanes iban a ejecutarnos o a liberarnos.

Entre las personas que llegaron al bloque 21 había dos hermanos de mi ciudad natal que habían estado trabajando en las minas de carbón de Buna, un campo satélite de Auschwitz I. Estaban en muy mal estado y negros por el polvo del carbón. Se echaron en el suelo y dijeron que no podían volver a levantarse. También vi por última vez al chico herido de bala, al que el doctor Gordon había curado y enseñado a hablar. El muchacho, como los hermanos, no estaba lo bastante fuerte como para unirse a los prisioneros que se marchaban. Se quedaron y, de hecho, fueron liberados una semana más tarde por el avance del ejército ruso.

Esa noche los hombres de las ss peinaron el campo y gritaron que todo el mundo se formara. Nos dijeron que nos trasladarían a otro campo, un desplazamiento para el que no tuve tiempo de prepararme. Solo llevaba una chaqueta ligera y una gorra, pero por suerte aún conservaba mis robustas botas con las suelas desgastadas; muchos de los que marchaban solo llevaban zuecos de madera, lo que hacía prácticamente imposible caminar.

Era una noche tenebrosa, con hogueras encendidas por todas partes y aviones rusos lanzando bengalas de magnesio que iluminaban el campamento. Se oía la artillería a lo lejos. Antes de salir por la puerta, nos dieron un trozo de pan para el viaje. Éramos cerca de 20 mil prisioneros. Recibimos la orden de formarnos en filas de cinco con los brazos enganchados. Fuera de las puertas, los guardias de las SS y sus perros de ataque se colocaron a cada lado de esta enorme columna. Hacía mucho frío y había mucha nieve en el suelo. Yo estaba en la parte exterior izquierda de mi fila. A los que se caían de la columna, los guardias les disparaban inmediatamente en la cabeza, pues estaban decididos a no dejar ningún prisionero atrás.

En medio del caos de nuestra precipitada partida, perdí el contacto con todos los médicos del bloque 21. Estaba solo y me di cuenta de que esta marcha sería la prueba definitiva de mi resistencia. Mi cuerpo sudaba frío, mis pies estaban empapados y mi chaqueta ligera y mis pantalones también estaban húmedos. Lo único que me daba un poco de calor era un saco de cemento de papel que había conseguido recuperar al pasar por una obra. Hice agujeros en el fondo y en los dos lados para crear un chaleco y me lo puse por encima de la cabeza. Nos azuzaban sin cesar para que nos moviéramos más deprisa porque las SS no querían que la columna se alargara demasiado, lo que dificultaría su vigilancia. Los cinco de mi fila nos dimos cuenta de que necesitábamos marchar al unísono, con los brazos enganchados, para conservar nuestras fuerzas. No podíamos malgastar energía en nadie que nos pesara, porque ya era bastante difícil cargar con nuestros propios cuerpos.

La segunda noche no había estrellas, pero la nieve permitía ver los sutiles contornos de los árboles que flanqueaban el camino. Al otro lado había una gran zona abierta sin árboles. De repente oí unos chasquidos que venían de lejos y pude ver algo que parecían luciérnagas acercándose a nosotros. Eran balas trazadoras, cuyo impacto pude oír cuando alcanzaron a muchos manifestantes a mi derecha. Todos entramos en pánico y empujamos hacia la izquierda. La muchedumbre me arrolló y me arrojó a una zanja, y muchos prisioneros cayeron encima de mí. No podía moverme, pero mantuve la calma e intenté no caer presa del pánico. Los guardias nos gritaban que nos levantáramos y siguiéramos marchando; el tono de sus gritos sugería que tenían miedo de perder el control sobre nosotros. Los heridos fueron fusilados en el acto.

Fuimos las desafortunadas víctimas de los exploradores del Ejército Rojo, o quizá partisanos que nos habían confundido con unidades del ejército alemán en retirada. Cuando por fin conseguí salir de la zanja, no pude encontrar a los otros cuatro compañeros de mi fila, así que intenté moverme lo más lejos posible hacia la parte delantera de la columna. Era más peligroso estar atrás con los rezagados, a quienes los guardias eliminaban de forma sistemática. Sudaba copiosamente por el esfuerzo de marchar a través de la nieve y tenía las orejas, las manos y la nariz congeladas. Tenía que encontrar algún modo de protegerme la piel. Mientras marchábamos, me di cuenta de que una persona de mi fila había caído y estaba muerta. Antes de soltarlo, le quitamos la chaqueta y la rompimos en tiras; las usé para taparme la cabeza y las orejas. Me sentí como un buitre, pero me dije que esa persona ya no necesitaba su chaqueta. Era un acto de autoconservación.

Cuando salió el sol sobre la nieve al tercer día, el paisaje era extrañamente hermoso. Había miles de presos delante de mí y miles detrás, y a ambos lados los guardias de las SS insultaban y gritaban. ¿Adónde nos llevaban? ¿Qué sentido tenía? A mediodía salimos de una zona boscosa y llegamos a un pueblo, donde pude ver casas de cuyas chimeneas salía humo. Pensé en el calor que hacía dentro de esas casas e imaginé a gente normal comiendo. ¡Qué maravilla sería saborear una taza de té en ese momento! Lo único que podía hacer era tomar un puñado de nieve para mantenerme. Cuando entramos en la ciudad, nos ordenaron apretarnos unos contra otros debido a la estrechez de las calles. Los guardias estaban alertas por si alguien intentaba escapar.

Pensé en los médicos del bloque 21. Podrían haberse escapado fácilmente porque se encontraban en su país y hablaban su lengua materna. Yo no podía correr ese riesgo. Así que tuve que seguir marchando y, a medida que lo hacía, más gente se iba alejando de la columna y los disparos se hacían más frecuentes. Las carreteras de la Polonia ocupada estaban sembradas de cadáveres de aquellos que no pudieron soportar esta marcha de la muerte.

Más tarde, cuando nos acercamos a un cruce, vi a un granjero sentado en un trineo jalado por dos hermosos caballos. Las campanas de su arnés sonaban mientras esperaban impacientemente a que pasara la gran columna. Recordé esas frías mañanas de invierno de mi infancia, cuando los granjeros venían a la ciudad y yo saltaba a los corredores de sus trineos para tomar un viaje gratis a la escuela. ¿Alguna vez volvería a tomar un viaje gratis? Tomé otro puñado de nieve y continué poniendo un pie delante del otro. Pensé que nos detendríamos pronto. Aunque estaba decidido a seguir adelante, las noches oscuras eran en extremo difíciles y mi ánimo estaba por los suelos.

En la tarde del tercer día llegamos a una gran granja abandonada donde los nazis nos dijeron que pasaríamos la noche, nuestra primera parada de descanso desde que salimos de Auschwitz. Tenía muchos establos y graneros, y fue maravilloso descansar por fin. La paja del suelo del granero le dio a mi cuerpo un cojín que me ayudó a sobrevivir un día más. Me enterré en un montón de esa paja de olor celestial y caí rendido. A la mañana siguiente, me desperté con los gritos de los guardias: *"Raus! Raus!* En fila". Por un momento pensé en esconderme en un montón de paja, pero me preocupaba que me fusilaran en el acto si me descubrían. Resultó que mi preocupación estaba bien fundada. Cuando nos alineamos en formación, los guardias de las SS peinaron los establos y dispararon contra los montones de paja. Mataron a todos los que se escondían ahí.

Ya habíamos marchado durante tres noches sin comida y ahora estábamos en el cuarto día. Estaba mareado por el hambre y mi cuerpo no cooperaba. Intenté que mi mente no se deteriorara y me concentré en pensamientos positivos. El día era más suave y me di cuenta de que nos dirigíamos a una ciudad grande. Por la tarde estábamos hacinados en un campo de futbol. Me tumbé boca arriba, apoyé los pies en una cerca y miré hacia un hermoso cielo azul. Casi podía imaginarme que recuperaba el aliento después de un partido de futbol con mis amigos. Una o dos horas más tarde las SS nos ordenaron que volviéramos a la formación y nos pusimos en marcha de nuevo, esta vez hacia una estación de ferrocarril en una ciudad llamada Loslau.

Cuando llegamos a Loslau, nos encontramos con una larga fila de 40 a 50 vagones planos abiertos esperando. Nos ordenaron subir y nos apretamos unos contra otros. Entre los vagones había varios cabuses que abordaron los guardias de las SS. Nos vigilaban y disparaban a cualquiera que intentara escapar. Las paredes de los vagones eran metálicas y extremadamente frías. Todo el mundo intentaba ponerse en medio del grupo para entrar en calor. Arrancamos y conforme la locomotora ganaba velocidad, el viento que chocaba contra nuestras cabezas y cuerpos hacía que el frío penetrara aún más. Me sentía como en un congelador. Estuve en este vagón de plataforma cerca de cuatro días, de pie, helado hasta los huesos, sin comida ni retretes. Muchas personas murieron durante el camino.

En un momento dado, pensé en un libro que había leído sobre el Oriente Express, e intenté imaginar lo maravilloso que sería experimentar ese nivel de lujo en ese mismo momento. Pero este pensamiento no consiguió distraerme por mucho tiempo. ¿Cuántos días más duraría este viaje? ¿Adónde íbamos? Solo viajábamos de día, porque de noche el humo y las cenizas de la locomotora habrían sido una señal para los pilotos de caza aliados de vuelo bajo, que bombardeaban cualquier cosa que se moviera en los rieles. Por la noche, nos quedábamos en las estaciones de tren o en los apartaderos, y las unidades de las SS patrullaban con furia nuestro transporte para que nadie pudiera escapar.

Estar de pie en los vagones era aún peor que marchar, porque estábamos muy apretados. Los más fuertes esperábamos a que los más débiles fallecieran para tener algo de alivio. Despojábamos a estas pobres almas de sus escasas ropas para proteger nuestras cabezas y extremidades heladas. Como las ss no nos permitían deshacernos de los muertos, dejaban los cadáveres en los vagones y nos obligaban a soportar la indignidad de estar de pie sobre los cuerpos. Por las mañanas, antes de que el tren volviera a partir, a los guardias de las ss y a sus oficiales se les servía el desayuno en el vagón cocina. Podía oler comida cocinándose y era una broma cruel. Les daban de comer mientras nosotros moríamos de hambre.

La séptima noche el tren se detuvo en una gran estación totalmente a oscuras. Oímos el inquietante sonido de las sirenas mientras los reflectores rastreaban el cielo en busca de aviones; luego se oyó el estruendo de los cañones antiaéreos. Estábamos en medio de un bombardeo y la metralla golpeaba los laterales metálicos de nuestro vagón. Pensé que después de todo lo que había pasado, ¡no podían matarme los bombarderos aliados! Cuando terminó el bombardeo, reinó el silencio.

Al clarear el día, comenzó a nevar y pude distinguir el nombre de Pilsen en la estación de ferrocarril. Estaba de nuevo en la Checoslovaquia ocupada. Empecé a sentirme más esperanzado cuando oí un alboroto varios vagones detrás de nosotros. Vi que había un puente que se extendía sobre las vías del tren justo al final de la línea y que, desde ese puente, varias personas tiraban trozos de pan a los vagones de abajo. Los guardias de las ss gritaban: "¡No arrojen pan! Son judíos". Pero la gente no hacía caso. Por fin, los guardias rociaron el puente con sus metralletas y la gente huyó. Aunque yo estaba demasiado lejos para recibir pan, las acciones de estas personas me alimentaron de todos modos. Saber que en el mundo seguía habiendo gente amable y solidaria me levantó el ánimo y me dio nueva vida.

Salimos de la estación de Pilsen. Era el 25 de enero de 1945 y no había comido nada desde que salimos de Auschwitz el 18 de enero, siete días antes. Agarraba copos de nieve con la lengua para hidratarme. La mitad de las personas de nuestro vagón estaban muertas y habíamos empujado sus cuerpos a una esquina para tener más espacio. Pero no podía ignorar los cadáveres congelados: eran un recordatorio constante de dónde acabaría si el viaje duraba mucho más tiempo. Necesitaba moverme y alimentarme, y estar de pie constantemente era una tortura para mi cuerpo.

Apenas resistía. La nieve no daba tregua y todos los cadáveres estaban cubiertos por ella, mientras que los zombis vivientes estábamos calados hasta los huesos. El tren pasó por una estación con una placa con el nombre en alemán. No estaba seguro de si estábamos en Austria o en Alemania, pero ambas me parecían la boca del lobo. A lo lejos pude ver un puente ferroviario que cruzaba un ancho río y alguien dijo que debía de ser el Danubio. El tren se detuvo y nos ordenaron salir de los vagones. Al ver grandes trozos de hielo flotando río abajo, lo primero que pensé fue que los guardias iban a dispararnos y arrojarnos al agua. ¿Por qué el tren no cruzaba el puente? Tuve la respuesta en cuanto me acerqué y vi el metal retorcido y las trabes que faltaban. El puente había sido gravemente dañado por los bombardeos aliados y nos vimos obligados a hacer la peligrosa travesía a pie. Tuve que ir a mi ritmo mientras saltaba por encima de los durmientes que faltaban, lo que requería una cuidada estrategia porque los demás intentaban detenerse en uno y eso dificultaba el equilibrio. Muchas personas cayeron por los espacios que faltaban a las aguas heladas y desaparecieron. No había margen de error. Los guardias de las SS obligaron a los que lograron cruzar a ponerse en fila y avanzamos. Delante de nosotros vislumbré una ciudad. Nos dijeron que reforzáramos las filas a medida que nos acercábamos. Un cartel al borde de la carretera nos decía que estábamos en Mauthausen.

A primera vista me impresionaron las hermosas casas y los escaparates con ventanales relucientes y limpios y delicadas cortinas de encaje. Las estructuras tenían unos tres pisos de altura y el exterior con bellos decorados de madera. Me resultaba increíble pensar que la gente vivía con tanta comodidad mientras nosotros estábamos en tales condiciones de miseria, suciedad y peligro. Deseaba con toda mi alma un baño caliente en una de esas casas. Podría morir feliz si pudiera darme un baño, pensé. Mientras atravesábamos el pueblo por el centro de la carretera, pasamos junto a tres mujeres jóvenes; cada una de ellas jalaba de un niño en un trineo. Los pequeños estaban todos envueltos en ropa tejida, gorros y bufandas, y tenían las mejillas sonrosadas y los ojos brillantes. Pero nos miraban horrorizados. Estábamos negros por la congelación, sucios y andrajosos, y un olor nauseabundo nos seguía como un perro callejero. Los niños nos contemplaban atentos, pero las tres mujeres se negaban a mirarnos. Rehuían vernos, como si quisieran decir que no reconocían la realidad de lo que estaba ocurriendo justo delante de ellas. Pensé en la gente de Pilsen que nos arrojaba pan y me di cuenta del marcado contraste.

Continuamos marchando a través de Mauthausen y pasamos al lado de un acantilado de granito. Vi a reclusos vestidos a rayas que golpeaban la piedra con cinceles. Sentí escalofríos de miedo porque sabía que yo no podría soportar un trabajo tan duro. Cuando llegamos al final del camino, vi la entrada al campo de concentración de KL Mauthausen, que parecía una fortaleza. Esta entrada tenía una gran cerca con altas torres de vigilancia a cada lado. Era una vista premonitoria.

Dentro del campo, nos dirigieron a un barracón con regaderas. Mauthausen estaba abarrotado de prisioneros que, como nosotros, habían sido traídos de otros campos de la Polonia ocupada. Estuvimos de pie en la gélida plaza iluminada durante horas, hasta que varios Kapos se hicieron cargo de la multitud y nos ordenaron que nos desnudáramos, pero que conserváramos los zapatos. Esperamos desnudos en medio del frío mientras llevaban a las duchas a grupos de 100 hombres a la vez. Cuando por fin me tocó a mí, fue un pequeño placer sentir cómo el agua caliente limpiaba la suciedad y el hedor de mi cuerpo. Pero duró muy poco, pues me empujaron desnudo de nuevo al frío glacial. Estaba claro que este baño no era una concesión, sino que intentaban evitar que transmitiéramos enfermedades a los guardias de las SS.

El vapor del calor del baño salía de nuestros cuerpos y supe que pronto tendríamos hipotermia. Sentí que el frío me invadía por dentro y empecé a mover los brazos enérgicamente, golpeándome la parte superior del cuerpo para mantener la circulación. Lo hice durante toda la noche sin parar. Muchos de los reclusos que me rodeaban se tiraron al suelo y murieron congelados. Por fin, a la mañana siguiente, a los que seguíamos vivos nos condujeron a una barraca. Adentro vi varias filas de personas sentadas en el suelo con las piernas abiertas. A cada persona nueva se le indicaba que se sentara entre las piernas abiertas de otra, y luego la siguiente persona se sentaría entre las piernas abiertas de esa persona y así sucesivamente. Sentir cuerpos delante y detrás de ti era a la vez aterrador y degradante. Todo el suelo estaba lleno de este mar de humanidad, y calculé que éramos al menos mil personas en el lugar.

Estaba furioso: de todas las indignidades que había soportado, esta última abominación era la más insultante. Estábamos apretados como sardinas en una lata. Es verdad que ya no teníamos frío, pero todos estábamos muertos de cansancio. Si un prisionero se quedaba dormido, su cabeza caía sobre la persona que tenía delante y podía esperar un codazo en las costillas que lo despertara. La orina y la diarrea se filtraban en el suelo bajo nuestros traseros y el hedor era insoportable. No se nos permitía levantarnos y no podíamos salir a aliviar nuestras necesidades. Apenas unas horas antes nos habían llevado a bañar para eliminar la suciedad que se había acumulado en nuestros cuerpos y ahora estaba sentado en orina y heces.

Traté de desconectar mi mente e ir a un lugar donde pudiera ignorar lo que ocurría a mi alrededor. Perdí la noción del tiempo. Perdí el control de mis funciones corporales. Creo que estuve así sentado durante dos días y luego, de repente, los Kapos nos gritaron para que nos pusiéramos de pie y saliéramos de la barraca. Nos levantamos lo más rápido posible y volvimos a estar afuera, en el frío intenso, desnudos y manchados con heces prácticamente de pies a cabeza.

Teníamos que formar una fila para recibir nuestras prendas: pantalones a rayas, una chaqueta y una gorra. Por el olor de las prendas, advertí que habían sido desinfectadas recientemente con Zyklon B, el mismo producto químico utilizado para gasear a los judíos en Auschwitz-Birkenau. Nos dijeron que íbamos a otro campo. Me alegré de abandonar este infierno y esperaba no volver a verlo nunca más. Habían pasado diez días desde que salimos de Auschwitz y todavía no había comido ni bebido nada. Me di cuenta de que conseguir comida y agua sería el factor definitivo para mi supervivencia.

Atravesamos las puertas de Mauthausen, cruzamos el traicionero puente y bajamos a la estación de tren, donde nos volvieron a meter en vagones. La locomotora arrancó y nos pusimos en marcha de nuevo. Unas horas más tarde, el tren aminoró la marcha y se detuvo. Los guardias abrieron las puertas de los vagones de ganado y gritaron: "*Raus! Raus!*". Un cartel me indicó que estaba en una estación de ferrocarril de una ciudad llamada Melk, justo al lado del río Danubio.

CAPÍTULO 20

MELK, EBENSEE
Y LA LIBERACIÓN

Nuestro transporte llegó a Melk la tarde del 1 o 2 de febrero de 1945. Tanto las vías de tren como la carretera corrían en paralelo al río Danubio, que estaba lleno de hielo, igual que en Mauthausen. La carretera estaba ocupada con el tráfico militar y civil de rutina. Nuestro transporte constaba de unos mil trabajadores esclavos. Los guardias se posicionaron a ambos lados de nosotros y nos obligaron a marchar cuesta arriba, a través de la ciudad, hasta un campo llamado Melk KL. Se trataba de un antiguo cuartel de caballería de la Primera Guerra Mundial ubicado en lo alto de una colina desde donde se veían los tejados de la ciudad. En otra colina, frente al campo, había un edificio largo y muy impresionante que, según supe más tarde, era el monasterio franciscano más grande de Europa.

Después de largas discusiones entre los guardias de las SS y los Kapos, nos dividieron en grupos y nos asignaron a varios barracones. Me llevaron a uno en el que ya había varios prisioneros de guerra rusos. Logré comunicarme con ellos utilizando una mezcla de ruso, eslovaco y alemán. Querían saber de qué campo venía y dónde había nacido. También me preguntaron si sabía cómo avanzaba la guerra. La única noticia que pude darles fue que, cuando salimos de Auschwitz I el 18 de enero, había oído el sonido de artillería pesada procedente del Frente Oriental y asumí que el Ejército Rojo no estaba lejos. Estos prisioneros rusos eran militares entrenados; eran corpulentos, pero lucían demacrados. Sin embargo, sabían protegerse a sí mismos y entre ellos y eran una unidad muy sólida. Me di cuenta de que los Kapos no se atrevían a abusar de ellos como lo hacían con nosotros.

Pensé para mis adentros: "Aquí estoy en otro campo, solo otra vez". Me preguntaba cuán difícil sería adaptarme a las nuevas condiciones. ¿Qué tipo de trabajo tendría que hacer?, ¿estaría expuesto a los elementos? Me dije a mí mismo que si pudiera sobrevivir los meses de febrero y marzo, llegaría la primavera y el Ejército Rojo emergería del este para poner fin a esta terrible experiencia. Pero había tantas cosas por las que preocuparse, y necesitaba estar preparado para enfrentar todos los retos.

Mi colchón estaba lleno de polvo y tan sucio que preferí dormir directamente sobre los tablones de madera de la cama. Me tapaba con una manta sucia. Aunque pueda parecer extraño, añoraba un lugar como Auschwitz I; me consumían los recuerdos de la sala de arriba del bloque 21, donde tenía una litera, una cobija limpia y mis ajetreadas rutinas diarias. En el hospital me sentía parte de un grupo de profesionales que ayudaban a nuestros compañeros de prisión, además de que tenía privilegios que me permitían sobrevivir. Melk, en cambio, iba a ser una experiencia muy peligrosa y degradante.

Esa noche recibí mi primer alimento después de diez días sin comer: un trozo de pan y una taza de sucedáneo de café. Esta ración me supo muy bien, pero no me llenó el estómago. Empezaba a preguntarme cómo había conseguido sobrevivir tanto tiempo.

A la mañana siguiente nos despertaron a las cinco y nos dieron una taza de té en nuestros barracones. Los presos estaban organizados en tres turnos iguales de ocho horas. Yo estaba en el turno de mañana con mil 500 compañeros. Nos formamos en la plaza y luego marchamos a la estación de tren; ahí nos metieron en vagones con las puertas cerradas. Viajamos durante una hora y luego desembarcamos. Me encontré en una gran área cercada con muchos cobertizos que almacenaban maquinaria. Pude ver seis grandes túneles ferroviarios a prueba de bombas que estaban construidos en la ladera de una montaña, así como una locomotora que empujaba entre 15 y 20 vagones al interior de uno de ellos. Aquel lugar era un hervidero de actividad. Me enteré de que cuatro de estos túneles ya estaban en plena producción fabricando piezas de aviones; los otros dos túneles aún estaban en construcción.

Las ss nos dividieron en grupos. Un hombre con gorra negra y un uniforme también negro condujo a mi grupo a una zona donde se estaba perforando la piedra para el último túnel. Me entregaron un gran taladro neumático que apenas podía levantar, y el hombre me indicó que empezara a perforar empujando el mango. Las vibraciones del taladro me sacudían el cuerpo y el sonido de su impacto contra la roca era ensordecedor. Estábamos perforando una escalera hasta la cima del túnel para dar forma a los contornos del techo. Sentí que no tenía fuerzas para perforar la roca sobre mi cabeza. A medida que las rocas de arriba se aflojaban, corríamos el riesgo constante de ser aplastados.

Más tarde supe que el hombre vestido de negro pertenecía a una organización civil que construía esta infraestructura para la Luftwaffe.* Los internos trabajaban aquí en tres turnos de ocho horas; cuando terminaba un turno, el siguiente era conducido al túnel. Después de dos días de este trabajo, le dije a nuestro capataz que ya no podía levantar el taladro y le pedí que me asignara otro trabajo. Me dijo que recuperara todas las brocas rotas que se habían acumulado en el túnel y las llevara al taller del herrero para soldarlas. Este nuevo trabajo me salvó la vida una vez más. La herrería era acogedora y cálida, y en la fragua ardía un fuego al rojo vivo. El herrero era un prisionero de guerra ruso llamado Misha.

Había aproximadamente medio kilómetro desde el túnel hasta la herrería, y una banda transportadora que llevaba piedra suelta recorría toda la distancia. Aprendí a montarme en la transportadora y eso me facilitó el viaje. El único truco consistía en

---

*La Fuerza Aérea de Alemania. [N. del E.]

saltar antes de que la cinta continuara hasta una trituradora, lo que habría significado mi muerte. Cuando conocí mejor a Misha, le pregunté si podía hacerme un soporte para llevar varios taladros y no tener que sujetarlos con los brazos. Me hizo un soporte que me permitía cargar seis taladros a la vez. Aunque pesaba mucho, me facilitó mi labor. También me las arreglé para llevar un ritmo que me permitiera tener siempre suficientes repuestos para los taladros rotos. Gracias a ello, pude pasar más tiempo en la cálida herrería. Misha también me ayudó cuando me dio una olla y me dijo que la llenara de nieve limpia, que él derretía en el fuego para que bebiéramos los dos. Esta rutina diaria de trabajo continuó hasta finales de marzo.

En Melk KL había un edificio con regaderas y lavandería. Al igual que Auschwitz, también tenía un crematorio, pero no cámaras de gas. Siempre le di la espalda al crematorio porque me recordaba a Birkenau. En medio del campo había una pequeña colina por la que paseábamos los domingos, cuando no trabajábamos. A mediados de marzo, cuando hacía más calor, nos reuníamos todos en la colina, nos quitábamos las chaquetas y buscábamos piojos. Me dio asco descubrir miles de huevos diminutos incrustados en la tela de mi chaqueta, lo que explicaba por qué me rascaba constantemente. Pasamos muchas horas aplastando los huevecillos entre las uñas de los pulgares, como monos acicalándose. Por desgracia, mis esfuerzos no redujeron mi infestación de piojos, que empeoró a medida que los días más calurosos me hacían sudar más. Desde que llegué a Melk no me habían permitido bañarme, pero cuando la administración del campo se enteró de la infestación, tomó medidas para evitar que se extendiera a su propio personal.

El domingo siguiente por la mañana los Kapos nos ordenaron que entregáramos nuestras chaquetas y pantalones para que pudieran desinfectarlos y, por la tarde, todos nos bañamos. Miles de personas nos reunimos frente a la entrada de las regaderas. La puerta solo tenía unos metros de ancho y, por experiencia, sabía que cuando se abriera se iba a producir un caos. Todos los presos intentarían entrar al mismo tiempo. Cualquiera que cayera al suelo terminaría aplastado por la multitud. Me pregunté si valía la pena arriesgar la vida por un baño y traté de determinar dónde debía colocarme para estar a salvo. Pero, en cuanto se abrió la puerta, me vi absorbido por un remolino de cuerpos. Luché con todas mis fuerzas para no tropezar y terminar aplastado. De repente sentí que me empujaban hacia arriba por encima de las cabezas de la gente y luego me pasaron hacia el borde de la multitud, donde caí al suelo, ileso. Algunos no tuvieron tanta suerte y murieron pisoteados por los pies de sus compañeros. Perdí la oportunidad de bañarme, pero estaba agradecido por haber salido con vida. Unos días más tarde, el 15 de marzo, cumplí 16 años. ¿Llegaría a los 17?

Conforme el mes de marzo de 1945 llegaba a su fin, la temperatura se volvía más cálida. Podía escuchar los bombardeos procedentes del este, en dirección a Viena, y sentía que el final de la guerra se acercaba. Mis pensamientos volvieron a mi vida en Moldava, donde habríamos estado celebrando la fiesta de Purim, que conmemora la salvación de los judíos persas del tirano asesino Amán. En Purim teníamos la costumbre de compartir golosinas con nuestros amigos y vecinos para celebrar nuestra liberación de la opresión. La casa se llenaba del exquisito aroma de los productos horneados y la deliciosa cocina. Mi madre preparaba *paprikash* de pollo con toda la guarnición. Cuánto tiempo ha pasado desde entonces. Ahora es solo un recuerdo que mi mente puede saborear.

Una mañana, después de despertarme, me sentí muy mal. Tenía cólicos, diarrea, fiebre y mareos. ¿Cómo me las arreglaría? Deseaba quedarme en cama y pagar las consecuencias. Pero mis compañeros de barraca me sacaron de la litera y me empujaron a una fila para recibir el té del desayuno, que ni siquiera pude beber. A duras penas conseguí marchar del campamento al tren que nos llevaba al trabajo. Cuando llegué al lugar, comencé a recoger las brocas rotas del turno de noche y se las llevé al herrero para que las soldara. Le dije que estaba muy enfermo, que tenía diarrea y que no podía retener nada en el estómago. Me dio un trozo de carbón para masticar y tragar con un poco de agua. Me dijo que tardaría unos días en matar los gérmenes de mi estómago y que, mientras tanto, me metiera debajo de un banco en el taller y durmiera. Comí carbón durante tres días y me deshidraté mucho. Daba mis escasas raciones a mis compañeros de litera porque no era capaz de retener ningún alimento. Estaba tan débil que sentía hallarme en el límite.

Al tercer día de la enfermedad, mientras marchaba del tren al campamento después de nuestro turno, tuve fuertes retortijones en el estómago y mis intestinos evacuaron de repente. En ese momento liberé el veneno de mi cuerpo y al instante me sentí mejor. Sabía que el remedio casero de Misha me había salvado. Sin su carbón, no habría sobrevivido a esta enfermedad; le agradecí su ayuda. Sin embargo, mis pantalones eran un nuevo problema. Tuve que volver al campamento, oliendo a podrido, y lavarlos rápidamente con agua fría y sin jabón. Al día siguiente llevé los pantalones mojados al trabajo, lo que era muy incómodo.

Ese día, cuando terminó nuestro turno y estábamos formados para que nos contaran, el capataz civil se acercó corriendo al oficial encargado y le informó que alguien había saboteado la cinta transportadora cortando dos trozos para utilizarlos como suelas para sus zapatos. Se trataba de una infracción muy grave. El Kommandant anunció que la persona que había hecho esto tenía un minuto para dar un paso al frente, pero nadie lo hizo. Entonces ordenó a los guardias de las SS que eligieran a una de cada diez personas de la fila y las pusieran al frente. De mi lado saltaron solo dos personas y respiré aliviado. Hicieron marchar a los hombres a poca distancia y entonces el Kommandant dio la orden de disparar. Diez hombres fueron asesinados para dar ejemplo al resto de nosotros.

A finales de marzo de 1945 vi grandes grupos de civiles que huían en embarcaciones por el Danubio en dirección a Viena. También vi trenes rebosantes de gente sentada encima y colgando por los lados. Desde lo alto de la colina del campo vi vehículos militares y civiles, carretas cargadas de muebles y gente a pie con carretillas llenas de mercancías, todos huyendo del avance del Ejército Rojo y dirigiéndose hacia los estadounidenses en el extremo oriente. Estaba claro que los austriacos no estaban acostumbrados a viajar así.

Si todos huían, ¿qué sería de nosotros, los trabajadores esclavos? Esperaba que nuestros guardianes se largaran y nos dejaran en paz, pero no fue así. A la mañana siguiente nos hicieron marchar a la estación de tren para trabajar como si fuera un día cualquiera. Recogí brocas y las llevé a la herrería. Misha me dijo que no hacía falta trabajar deprisa porque el Ejército Rojo no tardaría en llegar. "Vete a dormir debajo del banco", me dijo. Poco después me despertó el ruido de disparos. Me levanté de un salto y Misha y yo miramos por la ventana para ver un avión de combate dando vueltas a muy baja altura, disparando a todo lo que se movía. Una locomotora que arrastraba vagones llenos de piezas de aviones salió del túnel, sin darse cuenta del avión de combate. El piloto viró y disparó una ráfaga de balas contra la locomotora, que explotó, creando caos por todas partes. Misha gritó por encima del ruido que era un avión de combate Yak ruso. Se sintió maravilloso tener un asiento de primera fila para contemplar el pandemónium que había provocado un solo avión.

Cuando no hubo moros en la costa, tomé mis taladros y regresé al túnel, donde nadie sabía aún de lo sucedido afuera. Tenía la sensación de que el final estaba muy cerca. Cuando terminó nuestro turno, los oficiales de las ss nos ordenaron que nos formáramos para contarnos como de costumbre, pero el relevo del turno de noche no llegó. Subimos a los vagones y volvimos al campo, donde corrían rumores sobre la pausa en las operaciones. Pensé que si las SS nos obligaban a hacer otra marcha de la muerte, al menos esta vez no tendría que preocuparme por el frío.

Al día siguiente nos despertaron antes de lo habitual. Todo el campo estaba reunido en la plaza. Permanecimos de pie durante algún tiempo y luego nos ordenaron formar filas de cinco, tras lo cual nos dividieron en varios grupos. A mi grupo lo llevaron en dirección al ferrocarril. Eché un último vistazo al monasterio franciscano, pensando que nunca volvería a verlo, y luego seguí a los otros presos de mi grupo hasta las orillas del Danubio, donde había muchas barcazas amarradas a la orilla. Las SS nos amontonaron en una que cargaba rieles. En cuanto la embarcación estuvo cargada a tope, la aseguraron con tapas metálicas y cerraron con candado para que no pudiéramos escapar. Pensé: "Si esta barcaza se hunde, estamos todos perdidos". Luego me pregunté si pretendían ahogarnos hundiendo deliberadamente las barcazas.

Un remolcador tiró de varias de estas barcazas, que fueron unidas entre sí con cables metálicos, y al final sentí el movimiento de las olas en el Danubio. Nos dirigíamos río arriba hacia el oeste. Éramos solo un pequeño porcentaje de los prisioneros de Melk, unas mil personas, y supuse que la mayoría de los internos estaban siendo evacuados a otros campos. Al día siguiente, anclaron las barcazas y nos ordenaron salir. Habíamos llegado a la ciudad de Linz, Austria. Vi una gran zona llena de cráteres causados por bombas; tal vez se trataba de antiguas fábricas. Las SS nos hicieron marchar por la ciudad y, tras un día entero de marcha, pasamos la noche en el campo de un granjero cerca de Gmunden. Escarbé en la tierra del campo y conseguí encontrar un par de papas pequeñas. Las saboreé y luego dormí profundamente bajo la noche estrellada. Continuamos nuestra marcha, sin comida ni agua, hasta la ciudad de Wels. Esa noche volvimos a pernoctar en un descampado. Al día siguiente pasamos por Lambach. Al tercer día el camino ascendía a una mayor elevación; hacía mucho calor y la columna empezó a retrasarse, pues muchos eran ya incapaces de mantener el ritmo. Nos dieron una hora para descansar. A un lado había pinos y al otro la carretera llevaba a un valle. El paisaje era precioso y, en otras circunstancias, podría haber sido una excursión maravillosa. Cuando terminó el descanso, continuamos la marcha y seguimos la carretera cada vez más arriba. Llevábamos cuatro días sin agua ni comida y tenía mucha sed.

A los lados de la carretera empezamos a ver carteles que decían: *Achtung Tiefflieger* ("Cuidado con los cazas enemigos"). De repente escuché el motor de un avión que se acercaba. El piloto empezó a disparar desde la retaguardia de la columna, pero se detuvo de pronto y se desvió cuando se dio cuenta de que no éramos tropas enemigas. Luego volvió al frente de la columna e inclinó las alas hacia nosotros en lo que me pareció una especie de disculpa. Por suerte, nadie de nuestro grupo sufrió heridas mortales. Pude ver la estrella en el avión y supe que era un caza estadounidense. Pensé que si un avión estadounidense podía volar tan bajo, su ejército no podía estar muy lejos.

Al llegar a una curva cerrada en la carretera, vi una escena asombrosa en el valle de abajo: un hermoso lago llamado Ebensee, con agua azul, casas y árboles alrededor de la orilla. Pude ver a varios soldados de la Luftwaffe con uniformes azules remando tranquilamente con sus novias en barcas por el lago sereno. Esta visión contrastaba con la de los prisioneros que me rodeaban, y me pregunté cómo podían disfrutar de esa serenidad mientras nosotros estábamos tan maltrechos. En ese momento me prometí a mí mismo que, si sobrevivía, algún día experimentaría el placer de pasear en barca por un lago tranquilo. Poco después entramos por las puertas de Ebensee KL.

Ebensee KL, situado en una meseta y rodeado de montañas, contrastaba con la hermosa ciudad y el lago que se encontraban en el valle de abajo. Sentía que éste sería el último campo que tendría que soportar y que la liberación estaba por llegar. La mayoría de los internos de mi barracón eran judíos griegos y, una vez más, tuve que pasar por el proceso habitual de integración entre internos ya establecidos, con sus jerarquías y antigüedad. En mi nueva unidad de trabajo nos encargaban mezclar cemento y verterlo en moldes para producir grandes mosaicos. Por suerte no nos presionaban mucho, y me pareció que tan solo estábamos haciendo tiempo mientras la guerra terminaba.

Era la primera semana de abril de 1945. Estaba en los huesos y las suelas de mis botas, antes resistentes, tenían grandes agujeros. Como la mayoría de los presos, estaba infestado de piojos. Se enterraban bajo mi piel para chuparme las escasas gotas de sangre. También transmitían la bacteria del tifus de un cuerpo a otro. La mayoría de los hombres de mi barraca estaban enfermos con fiebres altas por el tifus y no había medicamentos ni médicos para tratarlos. Muchos de ellos murieron en sus literas. Sus cuerpos fueron sacados sin ceremonias y amontonados en la letrina.

A mediados de abril las ss dejaron de distribuir raciones y cerraron el suministro de agua. Caminé hasta la cisterna, donde se recolectaba el agua para apagar incendios. Era grande y tenía unos laterales empinados que bajaban en ángulo hacia el fondo. Como el nivel del agua era muy bajo, estas paredes laterales tenían unos ocho metros de altura. Vi varios cuerpos flotando en la cisterna y sospeché que estos hombres habían intentado sacar agua y no habían podido salir debido a la inclinación de las paredes. Me fijé en otros que llevaban vasos con una larga cuerda atada para poder así sacar el agua. Me sorprendió ver a los hermanos Lichtman, Gaby y Bandy, a quienes conocía de casa. Me contaron que su padre había muerto apenas una semana antes. Me alegré de verlos, pero también envidié el hecho de que se tuvieran el uno al otro mientras yo estaba solo. Sin embargo, sabía que no podrían cuidar de mí. Regresé a las barracas y no volví a verlos en Ebensee.

La situación era desesperada, el campo estaba repleto de cadáveres: había montañas de cuerpos desnudos apilados en la plaza principal, a quienes los desesperados sobrevivientes habían despojado de su ropa. La gente se moría de hambre y algunos incluso masticaban sus botas de cuero para que les entrara algún tipo de jugo en el estómago. Yo estaba cada vez más débil y, por fin, la fiebre me venció. Dormí durante días, consumido por sueños febriles. Cuando despertaba, me arrastraba hasta la cisterna para intentar beber algo, pero para entonces había tantos cuerpos flotando en el agua que era imposible.

Días más tarde me despertó el olor de la carne cocinándose, un olor que me resultaba nauseabundo en mi estado de devastación. Varios reclusos estaban sentados alrededor de una pequeña estufa y miraban cómo hervía una olla. No podía imaginar cómo habían conseguido la carne, pero cuando me arrastré hasta la letrina donde estaban apilados los cadáveres, me di cuenta de que a algunos de los cuerpos les faltaban trozos de las nalgas. Até cabos y me di cuenta de qué tipo de carne se estaba cocinando en la olla. La gente desesperada hace cosas desesperadas para sobrevivir. Me arrastré de vuelta a mi litera. Esperaba no ser su próxima comida.

A la mañana siguiente, un preso entró arrastrando los pies con sus zuecos de madera e hizo un anuncio sorprendente. Dijo que los guardias de las ss ya no estaban en las torres de vigilancia y que había una bandera blanca ondeando en la puerta principal. ¿Era posible que por fin hubieran llegado nuestros libertadores? Estaba muy enfermo y débil, pero reuní todas mis fuerzas y trepé por encima de los cuerpos que había en el suelo, decidido a salir de la barraca. En ese momento sentí que salir significaba la vida, y que si me quedaba dentro, donde me rodeaba la muerte, seguramente perecería. Cuando levanté la vista y vi la bandera blanca con mis propios ojos, supe que mi horrible calvario había llegado a su fin. Sentí como si me hubieran quitado un peso de encima.

Entonces, en ese instante el portón se derrumbó y un tanque con una estrella blanca pasó encima de él. ¡Qué espectáculo! Varios soldados afroamericanos estaban sentados en la torreta, con los ojos muy abiertos mientras contemplaban horrorizados la escena que tenían delante y olían el olor de miles de cuerpos en descomposición. Nuestros libertadores pertenecían a una unidad llamada 761º Batallón de Tanques, adscrita al Tercer Ejército del general George S. Patton. Conocidos como los Panteras Negras, habían combatido en la Batalla de las Ardenas en Francia, pero la devastación aquí era más espantosa que cualquier condición del campo de batalla antes vista. Si hubieran llegado unas horas más tarde, muchos más de nosotros habríamos muerto. Era el 6 de mayo de 1945.

Ebensee tras la liberación.

Sobrevivientes de Ebensee.

Capítulo 21
Ebensee, después de la liberación

Luego de observar la situación en Ebensee, el batallón de tanques partió e informó al cuartel general. La guerra no terminaría hasta dentro de dos días, por lo que partió para liberar otros campos, como Gunskirchen y Mauthausen. Al poco tiempo llegó un *jeep* estadounidense lleno de oficiales para evaluar la horrenda situación de Ebensee. Había cuerpos en descomposición amontonados en la plaza, internos enfermos y esqueléticos que estaban desnudos o solo parcialmente vestidos, una epidemia de tifus e infestación de piojos, miles de personas hambrientas. Escuché a un oficial hablar por radio sobre lo que harían a continuación. Para estos hombres de la 40 División de Infantería era su primera experiencia en un campo de concentración lleno de esqueletos andantes. Su primer acto fue desinfectar el campo y eliminar la bacteria del tifus, y para lograrlo había que quemar todos los barracones hasta los cimientos.

Estaba contento tan solo con observar el desarrollo de los acontecimientos. Ya no había guardias de las ss, ni Kapos ni nadie que pudiera hacerme daño. Por mi cabeza pasaron muchos pensamientos y algunos recuerdos de acontecimientos que apenas podía procesar. Me di cuenta de que necesitaría ayuda para volver a ponerme en pie antes de poder ocuparme de otras cuestiones, como adónde iría a partir de ahora y cómo conseguiría comida y cobijo.

Mientras yacía en el suelo, podía oír el ruido de camiones pesados que subían despacio por la carretera. Los camiones atravesaron las puertas con docenas de soldados. Su reacción fue asombrosa: querían ayudarnos, pero no querían tocarnos. Me avergonzaba que alguien tuviera que verme en esa condición sucia, indefensa y degradante. Me sentí expuesto y vulnerable. Los oficiales ordenaron a los soldados que se dispersaran por el campo y evaluaran qué prisioneros necesitaban atención inmediata. Otros camiones trajeron enfermeras, hospitales de campaña, cocinas móviles, suministros y catres de lona. Llegó un gran camión cisterna y los soldados instalaron regaderas.

Una enfermera con mascarilla me recogió. Me cortó la camisa mugrienta, me roció con DDT* para combatir la infestación de piojos y luego empezó a bañarme en la regadera. Me sentí muy avergonzado de que me atendieran en esas condiciones y fue necesario lavarme más de una vez para quitarme la suciedad. Después me acostaron en un catre de lona en la tienda del hospital. Me sentía en el paraíso, aunque me dolían todos los huesos de llevar meses durmiendo sobre tablones de madera. Por fin los médicos hicieron la ronda, nos examinaron a todos y anotaron sus hallazgos. A mí me hicieron un examen superficial porque había muchos pacientes que atender y muchos problemas que resolver en otras partes del campo.

Montaron las cocinas y prepararon los alimentos. Podía oler el aroma de un guiso, pero sabía que no podría comerlo. No podía caminar y me daba miedo terminar atrapado en medio de una estampida de gente hambrienta. El olor de la comida atrajo a la cocina a todos los que aún podían caminar y oí gritar a los soldados: "¡Alto! ¡Alto! ¡La comida no está lista!". Nadie escuchó. Los soldados intentaron acordonar la zona de la cocina, pero no sirvió de mucho. Un soldado sacó su pistola y disparó al aire. Sabía que ni siquiera las balas detendrían a la muchedumbre. Los

---

* El dicloro difenil tricloroetano (DDT) fue un eficaz insecticida sintético desarrollado durante la década de 1940. Se utilizó para combatir la malaria y el tifus, entre otras enfermedades. [N. del E.]

soldados no comprendían que estaban tratando con gente hambrienta que había perdido todo sentido de la normalidad. Por fin comenzaron a servir el guiso en platos y a distribuirlo entre los reclusos, que lo devoraban. Pronto se les hincharon las tripas y, en cuestión de minutos, a algunos se les reventó el estómago y muchos murieron en el acto. Había una terrible ironía en el hecho de que tantos sobrevivieran al hambre para morir ahora que por fin había comida disponible. La unidad de cocina dejó de preparar proteínas difíciles de digerir y pasó al pan y a los huevos en polvo revueltos para alimentar a los prisioneros liberados. En la tienda-hospital recibí agua, galletas y leche en polvo.

Mi primera noche durmiendo en el catre de la tienda fue muy tranquila. Cuando me desperté, vi camiones que transportaban grandes excavadoras. Los soldados las utilizaron para cavar cinco trincheras profundas. Cerca del mediodía, la policía militar estadounidense llevó a un grupo de civiles locales hasta las trincheras y les dijo que llevaran a los muertos a esas zanjas. Los hombres llevaban traje y corbata, y las mujeres, vestidos de verano. Una persona sujetaba las manos y otra los pies. La gente del pueblo iba vestida con sus mejores galas. Se tapaban la nariz con pañuelos a causa del hedor; en muchos casos, al tocar los cadáveres, la carne se desprendía de las manos. Estaban horrorizados. Cuando arrojaron los cadáveres desnudos a la trinchera, parecían muñecos de trapo. El padre de alguien. El hijo o el hermano de alguien. Miles de cuerpos sin nombre fueron arrojados a estas fosas comunes.

La gente del pueblo no podía seguir el ritmo de este trabajo durante más de dos días, y los estadounidenses determinaron que tenían que encontrar una forma más rápida de llevar a cabo esta espantosa tarea. Entonces emplearon las excavadoras para terminar el trabajo arrastrando los cadáveres a las fosas comunes. Cubrían los cuerpos con cal y luego con tierra. Rabinos y capellanes llegaron para rezar por todos los muertos.

Cuatro días después de nuestra liberación los médicos nos hicieron un examen más exhaustivo. Me trasladaron a un hospital civil con otras personas para comprobar si tenía tuberculosis. Las pruebas dieron negativo y me llevaron de vuelta al campo con mi bata de hospital de papel. No tenía ropa ni zapatos. Mis resistentes botas, elaboradas a la medida por el señor Guttman en mi ciudad natal, habían aguantado un año de trabajo y caminatas y me habían salvado la vida muchas veces, pero al final se habían deshecho. En su momento, el ejército encontró un almacén lleno de camisas, pantalones y botas de las Juventudes Hitlerianas y nos las distribuyó. ¡Me sentía absurdo vistiendo tal atuendo!

Antes de que los militares estadounidenses administraran el campo de forma organizada, los internos que todavía eran capaces de andar por su propio pie podían ir y venir a su antojo. Algunos iban a la ciudad de Ebensee a buscar alimento y volvían al campo con comida y ropa de civiles. Me sentí muy mal al ver a estos hombres con ropa normal mientras yo llevaba mi atuendo de las Juventudes Hitlerianas. Cinco días después de la liberación, los militares estadounidenses cerraron las puertas y ya no se nos permitió salir del campo.

Todos los internos teníamos que ir a la oficina del campo para registrarnos con nuestro nombre, fecha de nacimiento, país de origen y destino deseado después de la guerra. Me preocupaba la idea de volver solo a Moldava. Entonces no sabía si seguía formando parte de Hungría o había vuelto a Checoslovaquia. ¿Debía intentar volver? ¿Qué pasaría si saliera a un mundo que me había rechazado un año antes? Estaba preocupado, pues sabía que, aunque volviera a casa, mi familia no estaría ahí para cuidar de mí. Estaba liberado, pero no me sentía libre.

Un mes después de la liberación se anunció por altavoz que al día siguiente saldría un camión hacia Checoslovaquia y Hungría, y los que venían de esos dos países debían partir en ese transporte. La decisión estaba tomada. Cuando llegaron los camiones, vi uno con un cartel para Checoslovaquia y Hungría y me subí con otras 40 personas. El camión salió del campo y descendió por la ciudad de Ebensee y siguió adelante. Pensé en la suerte que había tenido de sobrevivir a este infierno. No quería volver a ver este lugar. Estaba deseando volver a Checoslovaquia.

Capítulo 22
De České Budějovice a Moldava

El camión tardó unas ocho horas en llegar a České Budějovice (Checoslovaquia). Era domingo por la tarde y bajamos en el centro de la ciudad. La gente estaba sentada en los cafés a orillas de la calle, comiendo y bebiendo mientras una banda tocaba música cerca. Cuando nos vieron con nuestras camisas de las Juventudes Hitlerianas, se hizo el silencio. Sin embargo, por nuestro aspecto, pronto se dieron cuenta de que éramos liberados de los campos. Varias personas se acercaron a nosotros y nos invitaron a sentarnos en sus mesas. Pidieron comida y bebida, que pronto desapareció en nuestros estómagos. Pero mi aparato digestivo no estaba todavía en condiciones y pronto me dolió el estómago. Mi costumbre en el campo era comer siempre que había comida disponible, pues existía el temor de que mañana no la hubiera. Pero ahora esta costumbre estaba causando estragos en mi salud.

Como yo era el único de nuestro grupo de ocho que hablaba eslovaco, la gente del pueblo me dirigió sus preguntas. Les expliqué que intentaba llegar a mi pueblo natal, cerca de Košice (que se llamaba Kassa bajo el dominio húngaro). Me informaron que el sistema ferroviario no funcionaba del todo porque el ejército alemán en retirada había volado muchos puentes y no había horarios programados de salidas y llegadas. Les pregunté si conocían algún lugar donde pudiéramos descansar y pasar la noche. Un hombre dijo que había oído algo sobre un edificio que ofrecía alojamiento a los refugiados, pero que no sabía dónde estaba. Otro hombre invitó a un policía a nuestra mesa y se ofreció a llevarnos a un refugio. Me sentí muy bien al poder confiar en un policía checoslovaco después de mi experiencia con los antisemitas gendarmes húngaros.

El refugio de dos pisos tenía varias habitaciones reservadas para alojar a los refugiados que regresaban. Había colchones rellenos de paja y mantas en el suelo, así como una mesa y sillas al otro lado de la habitación. En una pared había un gran pliego de papel donde podíamos anotar nuestros nombres, la fecha en que llegamos al refugio, el campo del que procedíamos y el lugar al que nos dirigíamos. Leí todos los nombres, pero no vi a nadie que conociera. Añadí mi nombre al final de la lista y di mis datos, con la esperanza de que alguien descubriera que seguía vivo. Después del entusiasmo del día y con el estómago inflamado, deseaba descansar. Me acosté en el colchón de paja fresca y me quedé profundamente dormido.

A la mañana siguiente nuestro grupo discutió sobre cómo seguir adelante con nuestros planes de viaje. No teníamos desayuno para empezar el día ni fondos para pagar nada; mi cuerpo no funcionaba bien. Tenía los pies muy hinchados, pero estaba decidido a poner un pie delante del otro y seguir adelante hasta llegar a Moldava. La distancia era inconmensurable: Moldava estaba a cientos de kilómetros, cerca de la frontera húngara.

Un buen samaritano llegó al refugio a media mañana con una bolsa de pan y bollos que compartimos entre todos. Le pregunté cómo llegar a la estación de tren y le dije que queríamos llegar a Budapest. Desde ahí viajaría a Košice. Me aconsejó que tomara cualquier tren que fuera hacia el este, de preferencia uno que se dirigiera a Brno y de ahí a Bratislava. En Bratislava podría encontrar la manera de llegar a Moldava.

Los ocho nos dirigimos a la estación de tren y, tras una larga espera, subimos a un tren con destino a Brno. No teníamos dinero, pero por suerte no tuvimos que pagar los pasajes. El viaje resultó toda una proeza. Cada vez que el tren no podía continuar debido a puentes dañados, teníamos que bajar y caminar largas distancias hasta la siguiente estación. Ahí esperábamos otro tren y nos hacíamos un hueco entre los viajeros para conseguir un asiento. En mi estado de debilidad, este viaje fue un calvario, aunque conseguimos encontrar comida y refugios por el camino. Al cabo de una semana llegamos a Bratislava, en donde nos condujeron a un refugio organizado por la comunidad judía local. Tenían instalaciones para lavar nuestra ropa y también para asearnos y podíamos quedarnos un día más antes de seguir adelante. Esta vez, cuando comprobé la lista de los que regresaban de los campos, vi el nombre de Chaim (Tibor) Lazarovits, mi primo hermano por parte de la familia paterna. Era unos dos años más joven que yo y había firmado un mes antes. Me sentí bien al saber que al menos un miembro de mi familia estaba vivo, pero no tenía ni idea de cómo encontrarlo.

Me di cuenta de que estaba cada vez más inflamado e hinchado, y sin duda no se debía a las frugales raciones de comida que había consumido. No podía abrocharme la camisa, las perneras de los pantalones de pana me apretaban demasiado y tenía los pies tan hinchados que ya no me cabían en las botas. Sabía que tenía que hacer algo antes de emprender la siguiente etapa del viaje. Conseguí que me prestaran unas tijeras y un cuchillo y corté la parte superior de las botas y las convertí en una especie de zapatillas; luego les amarré un cordón alrededor del talón para que se mantuvieran en su sitio al caminar. Corté las perneras de los pantalones y las mangas de la camisa, aunque seguía sin poder abrochármela. Sabía que si no me detenía pronto para descansar, no podría aguantar mucho más. Mi espíritu estaba dispuesto a seguir adelante, pero mi cuerpo no cooperaba.

Al llegar a Budapest, me separé de los otros siete chicos de mi grupo. La estación de tren era muy grande, con muchas vías y mucha gente yendo de un lado para otro. Volvía a estar solo y no sabía adónde ir. Cuando pedí ayuda a un empleado, me señaló un tren de tropas ruso que se dirigía a Eslovaquia y luego a la Unión Soviética. Era mi única opción porque en aquel momento no había tráfico de trenes civiles hacia Košice. Subí a uno de los vagones y vi que estaba lleno de soldados ruidosos que bebían y se divertían. Me preguntaron quién era y qué hacía en su tren. Les expliqué que era un superviviente de los campos de concentración nazis y que intentaba llegar a mi casa, cerca de Košice. Me preocupaba que si el tren no paraba ahí, terminaría en la Unión Soviética. Sabía que no estaba en condiciones de soportar otra aventura.

Los soldados rusos me hicieron espacio en la banca y me acercaron una botella de vodka con un bote de pepinillos. Me dijeron que mordiera un pepinillo y lo bebiera con un trago de vodka, que así nunca me emborracharía. Sabía que se sentirían insultados si no bebía con ellos, así que participé, aunque estaba claro que no sería bueno para mi salud. Después de dar un pequeño mordisco al pepinillo y un poco de vodka, pasé ambos al que me seguía. La fiesta continuó durante mucho tiempo. Los soldados estaban contentos de volver a casa después de expulsar a los nazis de vuelta a Berlín. Había oscurecido y, con el tiempo, la bebida y las conversaciones se fueron apagando. Pronto solo se oían los ronquidos de los soldados y el ruido de los vagones.

Me dolía el pecho y solo podía estar sentado erguido. No podía dormir, así que reflexioné sobre los acontecimientos del último año. Sabía que pronto me enfrentaría a la realidad de mis pérdidas, y pensar en ello me asustaba casi tanto como cualquier otra cosa de las que había vivido. Me senté, apretujado entre los soldados, y no me atreví a hacer ningún movimiento que pudiera molestarlos. Al final me quedé dormido por el agotamiento mental y físico. Cuando desperté, estaba amaneciendo y supe que pronto llegaríamos a Košice.

Los soldados se despertaron, se estiraron y se formaron en la larga fila que conducía a los baños del vagón. Me di cuenta de que tendría que esperar a bajar del tren para hacer mis necesidades. A través de la ventanilla podía ver casas, huertos y carretas en la carretera. Cuando el tren por fin aminoró la marcha, vi el letrero que anunciaba Košice. Me despedí de los soldados y les agradecí su hospitalidad, bajé del tren y entré en la estación. Miré el gran reloj. Eran las diez de la mañana de mediados de julio de 1945. Recordé que, justo al salir de la estación, había un puente peatonal que pasaba por encima del río Hornád y conducía a un hermoso parque con árboles maduros, macizos de flores y bancas. Me moría de ganas de sentarme debajo de uno de esos árboles y contemplar la belleza de la naturaleza, con sus deliciosos olores, vistas y sonidos. Era un bálsamo para mi alma y agradecí el aislamiento de la vista pública. Me di cuenta de que mi aspecto no era adecuado para un mundo civilizado, pero también quería estar solo para poder averiguar cómo llegar a mi casa, que aún estaba a 50 kilómetros. También me pregunté si debía entrar en el centro de Košice para buscar a los primos con los que me había alojado cuando estuve de aprendiz con ellos.

Decidí caminar hasta el restaurante de los Friedman para ver si estaba abierto. Si no lo estaba, iría a su departamento, y si no encontraba a nadie ahí, iría al mercado al aire libre donde los granjeros llevaban su ganado y sus productos para vender. Košice era una ciudad hermosa con una gran comunidad judía, pero me preguntaba cuántos de ellos habían sobrevivido. Con mi aspecto decrépito, me sentía expuesto y vulnerable mientras caminaba por la ciudad. El restaurante estaba cerrado y me molestó descubrir que unos desconocidos ocupaban la casa de los Friedman. En el mercado la gente me miraba con recelo y se apartaba. Los granjeros tenían todo tipo de alimentos a la venta, aunque yo no tenía dinero para comprar nada. Me dije que el año anterior había vivido cosas peores y que las miradas no podían hacerme daño. Busqué a algún conocido, con la esperanza de ver a alguien de Moldava. Por fin vi a un granjero que vivía a unos kilómetros de mi casa y le pregunté si me podía llevar en su carreta. Al principio no me dijo gran cosa, pero recordé que solía comprar madera a mi abuelo a crédito y pensé que aún podría deber dinero. Le pedí que considerara el viaje como un favor a mi abuelo. Cedió, pero este incómodo intercambio me dio una idea de lo que me esperaba cuando llegara a casa.

Cuando el granjero terminó de vender sus mercancías, me dijo que subiera a la carreta y emprendimos el camino hacia mi pueblo. Al subir una colina pude ver el aserradero de ladrillos donde nos habían encerrado a mi familia y a mí antes de ser enviados a Auschwitz poco más de un año antes. Podía ver los cobertizos llenos de ladrillos secos, la gran chimenea de la central eléctrica y las vías del tren que nos llevaron lejos. Ante este recuerdo, sentí aprensión de volver a mi antiguo hogar. Luego recordé el viaje que había hecho con mi madre, mis dos hermanos y mi tía en 1942, y rememoré la emoción que había sentido al volver a casa caminando desde la estación. El primero en saludarme entonces fue mi perro Farkas. Empecé a fantasear con una vuelta a casa similar mientras la carreta del granjero avanzaba por el camino a un ritmo pausado. De hecho, durante mi encarcelamiento en Auschwitz y en otros campos, la esperanza de reunirme con mi querido y leal amigo Farkas me mantuvo en pie. Por fin llegamos a la cima de una colina y pude ver mi casa a lo lejos. El granjero tuvo que desviarse del camino para llegar a su propia casa, así que bajé de la carreta y continué a pie. Durante todo el trayecto hasta el pueblo, no intercambiamos ni una sola palabra. Cuando comió algo, no me ofreció nada, y nunca preguntó qué había sido de mi abuelo y del resto de mi familia.

Crucé las vías del tren a poca distancia de mi casa y pude ver claramente el patio a lo lejos. Si Farkas siguiera ahí, habría salido corriendo a saludarme. Pero no vino. Me quedé ahí, consumido por el entumecimiento y el silencio total, recordando cómo este lugar alguna vez estuvo lleno de los sonidos de la gente que hacía sus tareas diarias, las gallinas y los patos deambulando en el patio, y Farkas y nuestros dos *fox terriers* protegiéndonos.

La casa todavía estaba ahí, pero no había ningún ser vivo en los alrededores. Parecía un lugar sin alma. Vi a mi familia en mi mente y pensé en cada una de las personas que había perdido. Era una sensación tan demoledora de finalidad que me pregunté cómo podría levantarme y seguir adelante. Pero entonces recordé a mi padre implorándome que contara al mundo lo que había pasado en Auschwitz y eso me inspiró para continuar. Subí las escaleras hasta el porche y abrí la puerta de la cocina de mi madre. Vi la familiar alacena donde guardaba la vajilla. Y, al lado, vi a una vecina sentada a la mesa de mi madre. Esta mujer no me reconoció porque mi aspecto había cambiado drásticamente. Cuando le dije quién era, se molestó. Cuando le pedí agua, se negó y me dijo que me fuera.

En mi estado de debilidad física y emocional, era incapaz de enfrentarla. No tenía ningún sistema de apoyo, nadie que me ayudara a demostrar mi derecho a reclamar la casa de mi familia. Salí de casa y caminé hasta el centro de la ciudad, con la esperanza de encontrar algún rostro familiar que me ofreciera cobijo y alimento. Nuestra antigua vecina, Ily, que había vivido al otro lado de la calle y era buena amiga de mi madre, ya no parecía vivir ahí. Tenía muchas ganas de ponerme en contacto con ella porque sabía que era alguien con quien podía contar. Tenía miedo mientras caminaba hacia el centro de la ciudad.

Recordé lo que la gente nos había gritado y arrojado cosas mientras caminábamos de la escuela a la estación de tren durante nuestra deportación. Pero la gente con la que me cruzaba por la calle me ignoraba y las casas judías familiares estaban ahora ocupadas por caras desconocidas. Estos nuevos ocupantes, que lucían muy contentos trabajando en sus jardines, parecían considerar estas casas como legítimamente suyas. Como nadie se paraba a ofrecerme ayuda, sentía que no había empatía por mi aspecto enfermizo, lo que aumentaba mi ansiedad.

Cuando me adentré en la ciudad, pasé por delante del edificio donde la familia Bodner tenía una tienda de bicicletas y un taller de reparación. Encontré a uno de los hermanos Bodner en la vivienda situada detrás de la tienda. Supe que había sido partisano y que había regresado a la ciudad en febrero de 1945. Cuando le pregunté quién más había vuelto, me dijo que Gabriel y Bandy Lichtman, los hermanos que yo había visto en Ebensee. Regresaron y vivían en una casa de la ciudad. También me dijo que el marido de Ily era ahora el alcalde y que vivían en una rica casa cercana.

De inmediato me dirigí a casa de Ily, recordando la hermosa música que ella solía tocar. Me dio vergüenza presentarme en tan lamentable estado; al verme quedó en shock. Pero me dio un fuerte abrazo y dijo mi nombre de una forma entrañable que denotaba cercanía. Fue maravilloso que me recibieran así. Me miró de arriba abajo y empezó a calentar agua para el baño. Me dio vergüenza quitarme los harapos y dejar que Ily viera lo sucio que estaba. Me revisó la cabeza y encontró piojos en mi pelo corto. Notó mi cuerpo hinchado y me preguntó si estaba enfermo. Le dije que me dolía el pecho, que no respiraba bien y que solo podía dormir sentado. Mientras se calentaba el agua para el baño, utilizó un producto químico para lavarme el pelo y matar los piojos. Una vez en la tina, me echó agua por el cuerpo para limpiarme y me dijo que, mientras me secaba, me traería ropa para ponerme. Me dio ropa interior y calcetines, que no había llevado en los últimos 15 meses. Por primera vez, en más de un año, volví a sentirme un ser humano.

Después del baño estaba listo para por fin descansar. Ily hizo una cama con muchas almohadas para que pudiera dormir sentado y me dijo que me llevaría al médico por la mañana. Pasé una noche inquieta, con sueños horribles, y al despertar no sabía dónde estaba. Oía pájaros en los arbustos y olía el aroma del café. Rodeado de todas estas comodidades, me consumía la incredulidad. Desayuné con Ily y su hijo Nori en el porche, donde pude observar sus hermosos jardines. Cuando me preguntó cómo me sentía, le dije que seguía con un fuerte dolor en el pecho. Me dijo que me llevaría al médico dentro de unas horas; mientras tanto, fui a buscar a los hermanos Lichtman.

La última vez que vi a Gaby y Bandy fue en Ebensee, pero estaban en mucho mejor estado físico que yo y pudieron volver a casa justo después de la liberación. Me alegré de volver a verlos, pero seguía sintiendo envidia de que ellos se tuvieran el uno a la otra y yo estuviera solo. Ahora gozaban de una salud relativamente buena y enseguida empezamos a hablar de cómo podíamos rehacer nuestras vidas. Estaba claro que no teníamos futuro en esta ciudad. Les pedí que me acompañaran a mi casa porque quería saber algo de mis perros, sobre todo de Farkas. Aceptaron acompañarme y, con su apoyo, volví a enfrentarme a la mujer que ahora vivía en mi casa. Le pregunté si tenía alguna idea de lo que les había pasado a nuestros tres perros, pero me dijo que no sabía nada.

Juntos dimos un paseo por el huerto, que estaba en un abandono total. Los árboles no habían sido podados y muchos de ellos habían sido dañados por grandes vehículos que, al parecer, estacionaban debajo de ellos. Como todo el huerto parecía haber sido destruido por unidades blindadas nazis en retirada, debíamos tener cuidado de no pisar las balas y los proyectiles de mortero esparcidos por los campos. Era devastador pensar en lo mucho que habíamos cuidado mi abuelo y yo de cultivar los abundantes frutos de los árboles.

De repente noté movimiento en una zona de espesos arbustos de lilas y me acerqué a ver qué había. Era nuestro *fox terrier*, Ali, escondido entre los arbustos. Había perdido todo su pelaje, estaba lleno de costras y no acudió cuando lo llamé por su nombre. No podía soportar dejarlo sufriendo en ese terrible estado y hablé con los Lichtman sobre qué hacer. Bandy me dijo que conocía a un cazador en la ciudad. Fuimos a verlo y le preguntamos si podía acabar con el sufrimiento de mi perro. Aceptó. Volví con él al lugar donde Ali se escondía y, de un solo disparo, el cazador acabó con su sufrimiento. Al contemplar el cuerpo sin vida de Ali, supe que era el último vestigio de un lugar que ya no era mío. No tenía nada más que hacer aquí, ningún vínculo tangible con este lugar, solo recuerdos. No tenía dinero para pagar al cazador por sus servicios, pero le pregunté si me ayudaría a cavar una tumba. Comprendió mi situación y aceptó. Juntos enterramos a Ali como último tributo a mi vida pasada.

Capítulo 23
SANACIÓN EMOCIONAL Y FÍSICA

Ily me llevó al médico para que me tratara el dolor en el pecho y la hinchazón del cuerpo, que me hacían sentir cada vez más incómodo. El doctor me examinó a fondo y concluyó que tenía un caso grave de pleuresía húmeda. Dijo que era potencialmente mortal y que había que tratarlo de inmediato. Tuve que trasladarme al hospital de Košice, situado a unos 50 kilómetros. Ily fue a ver a un granjero que conocía bien y le pidió que me llevara al hospital. Aceptó, pero sus caballos acababan de terminar una jornada de trabajo y necesitaban comida y descanso. Me dijo que tendría que esperar hasta las 11 de la noche, hora en la que vendría a recogerme a casa de Ily, que le pidió que pusiera mucha paja en el carro para que yo estuviera lo más cómodo posible.

Mientras esperábamos juntos la llegada del granjero, Ily me preguntó qué le había pasado a mi familia. Había oído hablar de cosas terribles. Yo no estaba preparado para narrar lo que habíamos vivido, así que solo le dije que todos los miembros de la familia habían muerto. En aquel momento no podía comprender la magnitud de la destrucción de la cultura y el pueblo judíos en la Europa continental, ni podía articular la profundidad de mi trauma ni poner en palabras mis pérdidas.

Me describió cómo, cuando nos llevaron, la gente se había peleado por nuestras posesiones. Capturaron y se llevaron el ganado, pero no sabía qué había pasado con mis perros. También me contó que la sinagoga fue profanada y que los rollos de la Torá fueron sacados del arca y cortados en pedazos, o algo peor. Quemaron los libros de oraciones y los libros talmúdicos. Ily y yo intentamos recordar los buenos tiempos. Le conté cómo la recordaba tocando el piano en las noches de verano, cuando las ventanas estaban abiertas, y lo mucho que la música había significado para mí. Ella se ofreció entonces a tocar su pieza favorita de Chopin, el *Nocturno en mi bemol mayor*. Sentí la música en cada fibra de mi cuerpo. Cerré los ojos y me sentí flotar. Estaba en paz y siempre recordaré la amabilidad de Ily en ese momento crucial. Entonces sacó un sobre con dos fotos que había podido salvar tras el saqueo de nuestra casa. Sentí que me habían regalado el mayor de los tesoros, pero por desgracia no tenía dónde guardarlas. Decidimos que las guardaría hasta que yo saliera del hospital o se las llevaría a su madre a Košice.

A las 11 en punto el granjero llegó con su carreta y me ayudó a recostarme sobre una gruesa capa de paja, mirando hacia delante, y con un montón de paja a mis espaldas. Agradecí profusamente a Ily todo lo que había hecho y me prometió venir a visitarme al hospital. Fue la única luz brillante que encontré a mi regreso. Su amabilidad y cariño eran auténticos y supe que así habría reaccionado mi madre en la misma situación.

Era un pueblo muy tranquilo, con solo unos pocos faroles encendidos a lo largo de la calle principal. La carreta tenía una lámpara de carburo instalada en cada lado para alumbrar y avisar a los demás de nuestro paso. Era una noche preciosa y estrellada y yo estaba dispuesto a que me atendieran. Sabía que mi cuerpo necesitaba ayuda. El conductor y yo no hablamos. Puede que se quedara dormido, pero los caballos seguían trotando a un ritmo constante. El sonido de sus cascos parecía de cuento de hadas. El viaje duró seis o siete horas.

El sol salió por el este; era una preciosa mañana. Una hora más tarde llegamos al hospital Santa Isabel de Košice. El conductor detuvo la carreta y me ayudó a bajar. Le agradecí su tiempo y entré en la recepción del hospital para los trámites de ingreso.

Una monja me llevó a una sala común, donde me asignaron una cama, y me dio una bata y me quitó la ropa y los zapatos. Me metí en una cama con sábanas limpias y un respaldo elevado que me permitía sentarme. Estar en un entorno tan limpio me pareció un lujo. Mis pensamientos volvieron al bloque 21 de Auschwitz, donde no había comodidades y las perspectivas de recuperación eran tan sombrías.

Poco después, dos médicos entraron en la sala para hacer su ronda. Me examinaron y confirmaron que tenía pleuresía húmeda. Luego me dijeron que pronto llegaría una enfermera para realizar el procedimiento de extracción del agua. Estaba dispuesto a someterme al tratamiento que fuera necesario. Una enfermera muy amable vino con una palangana y una jeringa con una aguja grande. En el quirófano de Auschwitz jamás vi una jeringa y una aguja de ese tamaño. Me dijo que el procedimiento sería doloroso, pero que era la única manera de eliminar de forma gradual el agua de mis pulmones y de mi cavidad torácica. Me indicó que levantara los brazos por encima de la cabeza, se colocó detrás de mí, introdujo la aguja entre mis costillas y empezó a extraer el agua hacia un balde. Fue muy doloroso, sobre todo cuando respiraba y sentía que la aguja me perforaba los pulmones.

Este procedimiento llevó algún tiempo y, cuando terminó, la enfermera marcó el nivel de agua con yodo en mi pecho. Repitió el procedimiento a diario durante una semana, hasta que el agua desapareció por completo de mis pulmones. Me prescribieron una dieta líquida y sin sal, y al final de la segunda semana parecía casi un esqueleto. Estaba débil y no tenía fuerza muscular. Sentía que mi cuerpo tenía que reconstruirse desde cero para funcionar con normalidad. Después de la segunda semana, me permitieron comer alimentos sólidos y empecé a pasear por el parque al aire libre en el cálido verano. Poco a poco mi cuerpo se fue fortaleciendo y me sentí más vivo y sano de lo que había estado en mucho tiempo.

Durante mi recuperación, algunos voluntarios de la comunidad judía local vinieron a visitarme. Tomaron mis datos, me hicieron compañía, me llevaron fruta y me preguntaron si tenía algún pariente. Les expliqué que había visto el nombre de mi primo Chaim Lazarovits en una lista al volver de Ebensee, pero que desconocía su paradero. Me dijeron que publicarían mi nombre en la pequeña sinagoga de la ciudad y, unos días más tarde, recibí la visita de un tal Joseph Gottlieb. Me contó que la madre de su difunta esposa y mi abuelo eran hermanos y me anunció que, cuando me dieran el alta del hospital, quería que fuera a quedarme con ellos. Me alivió saber que tendría un techo bajo el que cobijarme.

También el hijo de Joseph, Itzhak, pronto vino a visitarme. Itzhak era de mi edad, nos entendimos bien y de inmediato nos hicimos amigos. Era aprendiz de tornero y estaba ocupado aprendiendo su oficio. Pertenecía a un grupo de sobrevivientes de adolescentes judíos dirigido por la Organización Mizrachi. Animado por Itzhak, también me uní a este grupo y, para mi gran sorpresa, descubrí que mi primo Chaim ya era miembro. Ahí conocí a otros adolescentes y participé en sus actividades. Los líderes del grupo encauzaban nuestro comportamiento de manera profesional, comprendiendo que todos necesitábamos ayuda para adaptarnos a la vida de posguerra. A mí, en particular, me costó aprender a confiar de nuevo, a relacionarme con los demás y a cooperar con ellos.

La familia Gottlieb estaba formada por Joseph y su segunda esposa, Malvinka; sus tres hijas, Ilonka, Clari y Shari; y su hijo, Itzhak. También vivían en la casa un primo llamado Ruty y una amiga llamada Magda. Era un hogar muy animado y ocupado. Gracias a Malvinka, que era una cocinera maravillosa con un corazón de oro, logré recuperar peso durante los meses que viví ahí. Sentirme aceptado como parte de una familia contribuyó mucho a mi recuperación de la pleuresía. Fue entonces que empecé a sentirme como un adolescente normal por primera vez en más de un año.

CAPÍTULO 24

MARIENBAD

Durante mi estancia en la organización Mizrachi, me hice amigo de un chico llamado Mike, quien me habló de una escuela para huérfanos que pronto abriría sus puertas en la ciudad de Marienbad, no lejos de Praga. Decidí ir con él y me entusiasmé con la oportunidad de reanudar mis estudios. Llegamos a Marienbad en tren en la primavera de 1946 y nos dirigimos a una pensión llamada Rienzi, un edificio de varios pisos con unas 30 habitaciones dobles, cada una con tina, escusado y un bidé. Cuando vi el bidé por primera vez, algunos estudiantes me animaron a agacharme para inspeccionarlo más de cerca y recibí un chorro de agua en la cara. Al parecer se trataba de una broma para los recién llegados.

Éramos una treintena de chicos brillantes, sobre todo de Eslovaquia, pero también de Hungría y Rumania. Como todos veníamos de diferentes orígenes, hubo algunos conflictos e incomprensiones iniciales que desahogamos con los muebles que sufrieron muchos daños el primer año. Deshacerse de la ira acumulada era una parte necesaria de nuestro proceso de descompresión.

El rabino Stern, un hombre de trato fácil, había venido de Budapest para supervisar la escuela. Nos mantuvo enfocados en nuestras lecciones matutinas y vespertinas, pero también nos dio el espacio para pasar por esta etapa difícil y aprender a resolver nuestros problemas por nuestra cuenta. Con el tiempo, todos nos asentamos, desarrollamos respeto mutuo y nos convertimos en una familia. Sabíamos que teníamos un buen ambiente para vivir y no queríamos estropearlo, así que nos volvimos responsables y civilizados.

Vivimos en Rienzi durante tres años gracias a la ciudad y a los benefactores, y nosotros estábamos agradecidos de tener un entorno seguro y protegido. El Comité Judío Estadounidense de Distribución Conjunta (JDC, por sus siglas en inglés) nos proporcionó los alimentos, que un matrimonio estaba encargado de cocinar y que se quedó con nosotros todo el tiempo que estuve ahí. Recuerdo que las latas grandes de duraznos y de atún blanco en aceite eran muy cotizadas porque teníamos antojo de proteínas y dulces. De vez en cuando el JDC nos suministraba ropa usada procedente de Estados Unidos. Yo elegí un par de pantalones con cierre —una novedad para mí, que estaba acostumbrado a abrocharme el pantalón con botones—, camisas con broches de presión y un precioso sombrero fedora azul marino de Borsalino que me encantó.

Tenía ganas de salir adelante y quería aprender un oficio y formarme para una futura vocación. Como había trabajado en un quirófano, esterilizando instrumental y preparando a los pacientes para la operación, pensé que me gustaría ser técnico dental. En Europa los dentistas tenían sus propios laboratorios y empleaban a un maestro técnico para fabricar las prótesis, coronas, incrustaciones, etc. Un dentista local me contrató como aprendiz; ganaba una suma mínima de dinero, pero estaba agradecido por la oportunidad de aprender. Mi profesor era Herr Tutz, un maestro protésico dental. Me tomó bajo su tutela y me enseñó los detalles del oficio. Estuvimos juntos a diario durante casi tres años. Nos hicimos buenos amigos y se interesó mucho por mí. Se dio cuenta de que tenía buenas manos y aptitudes para la odontología. Mi futuro en este campo parecía prometedor.

Con la estabilidad de mi aprendizaje, Marienbad me parecía un lugar de sanación. La ciudad estaba situada en un idílico enclave montañoso y tenía muchas aguas termales terapéuticas. Llevaba el nombre de la emperatriz austrohúngara María Teresa y era, y sigue siendo, un balneario famoso en todo el mundo. Personas adineradas y miembros de la realeza, desde el rey Jorge V hasta los maharajás de la India, visitaban el balneario para tomar baños y beber sus aguas. Se hospedaban en hermosos y elegantes hoteles y caminaban por el gran paseo barroco que atravesaba la ciudad, que estaba rodeada de maravillosos castaños y en donde todos los días, a mediodía y por la noche, una orquesta completa tocaba música clásica durante dos horas seguidas. La gente recorría el paseo por horas, escuchando la música y bebiendo agua mineral en vasos con sifones de porcelana. La temporada comenzaba en junio y duraba hasta mediados de septiembre. Todos los años esperaba con impaciencia la temporada estival para conocer gente nueva y escuchar a la orquesta. Cuando terminaba la estación, todos los hoteles cerraban y el personal y los turistas desaparecían y yo me entristecía al ver que el verano había llegado a su fin.

Mi rutina diaria era muy predecible. Trabajaba hasta el mediodía en la consulta del dentista, comía rápido en Rienzi y luego me apresuraba al paseo marítimo durante hora y media para escuchar a la orquesta, que tocaba a Mozart, Wagner, Beethoven y a todos los clásicos. Era un espectáculo ver a gente de todo el mundo con sus finos atuendos. En mis tres años en Marienbad rara vez me perdí un día de música durante la temporada veraniega. Después de comer, volvía al trabajo por la tarde. Me convertí en un lector voraz y aprendí mucho sobre el mundo que me había perdido. Leí a los clásicos y mejoré mi vocabulario y mis conocimientos. Algunos días me iba de excursión a la montaña con un grupo de amigos. Nos gustaba retarnos con atrevidos saltos por senderos empinados mientras descendíamos. Había un lago donde podíamos nadar y campos donde jugábamos futbol.

En invierno había mucha nieve y ningún tráfico vehicular en las carreteras. En el primer año descubrimos un enorme trineo en el cobertizo de nuestra residencia. Imaginábamos lo emocionante que sería descender por la carretera en esa bestia. No podíamos hacerlo durante el día porque no sabíamos quién era el dueño del trineo y, en todo caso, no podíamos obtener permiso para usarlo. Seis de nosotros elaboramos un plan para contratar a un conductor de camión local que nos ayudara a llevar el trineo por un camino serpenteante hasta la cima de una colina. Salimos a escondidas de nuestras habitaciones cuando todo estaba tranquilo, fuimos hasta el cobertizo y cargamos el trineo en el camión. El conductor nos llevó hasta la cima del camino, donde descargamos el trineo y nos preparamos para dar nuestra primera vuelta. Le pedimos que nos siguiera para poder subir de nuevo. El pesado trineo tenía capacidad para seis personas y tenía un volante, patines de acero y frenos. Llenos de emoción, ¡todos nos subimos y partimos! Era de noche y el trineo ganaba velocidad. Nuestro frenador aplicó los frenos de forma brusca en cada curva para reducir la velocidad. Terminamos la primera carrera, completamos dos más y, conforme nuestra confianza crecía, seguimos cada vez más rápido. Era en verdad emocionante, pero no queríamos presionar nuestra suerte. Después de la tercera carrera regresamos a la residencia antes de que se notara nuestra ausencia. Repetimos esto muchas veces durante el invierno de 1946-1947. Cuando llegó la primavera, ya éramos expertos.

Al año siguiente retomamos nuestras aventuras en trineo. Una noche, hacia el final del invierno, salimos cuando los caminos no estaban tan cubiertos de nieve. En el camino hacia la cima de la montaña notamos hielo en la ladera, lo que significaba que la velocidad al bajar sería mucho mayor. En contra de nuestro mejor juicio, decidimos hacerlo de todas formas. Ya en el descenso ganamos mucho impulso, no pudimos frenar como era debido y, cuando llegamos a una curva cerrada en el camino, perdimos el control. El trineo chocó contra el muro de contención y el impacto fue contundente. Salimos volando. Palpé mis extremidades y pronto me di cuenta de que no estaba herido. Por suerte todos estábamos bien, pero el trineo estaba completamente destruido. Lo bajamos por la ladera y lo guardamos en el cobertizo, cubriéndolo con una pila de muebles viejos y esperando que no hubiera consecuencias.

Por aquel entonces el rabino Stern y otros estudiantes empezaron a considerar sus planes de futuro. El rabino nos dijo que había conseguido una visa para viajar a Estados Unidos y que pensaba marcharse el verano siguiente. Otros estudiantes tenían parientes en el extranjero y también se preparaban para partir, así que sabíamos que la escuela cerraría en el otoño de 1948. Para un huérfano como yo era muy inquietante porque parecía que todos los demás se marcharían y yo no sabía adónde iría a parar. Mi amigo Mike también había conseguido un permiso de viaje y planeaba reunirse con su familia en Australia. Yo no quería quedarme atrás.

El rabino Stern se puso en contacto con el rabino Abraham Price en Toronto, Canadá. Había ayudado a muchos sobrevivientes a emigrar a ese país y ahora se las arreglaba para obtener permisos canadienses para todos los que necesitábamos pasaportes y un lugar adónde ir. Su plan habría tenido éxito de no ser por un golpe de Estado en febrero de 1948, durante el cual el Partido Comunista tomó el control de Checoslovaquia. El presidente Edvard Beneš fue detenido y encarcelado, junto con sus jefes de gabinete, y Radio Praga fue controlada. Cuando encendimos la radio a la mañana siguiente, descubrimos que ahora nos encontrábamos en un país comunista. Estábamos en estado de *shock* y sabíamos que esto haría imposible que los ciudadanos checos se marcharan. Mi única posibilidad era salir como extranjero. Así que supe que necesitaría una nueva estrategia. ¿Cuál?

Necesitaba papeles falsos que asentaran que yo no era checo, y como yo hablaba húngaro, era preferible obtener papeles húngaros. Dos meses más tarde el rabino Stern se marchó a Estados Unidos y muchos estudiantes encontraron otras formas de salir. Solo quedábamos unos pocos y los víveres escaseaban. Nos desesperamos, pero logramos urdir un plan para salir. A finales de septiembre de 1948 viajamos a Praga y encontramos a un hombre conocido por falsificar documentos. Nos dijo que dejáramos nuestras fotos y volviéramos un mes después. Mientras tanto, el rabino Price envió los visados a la embajada canadiense en Praga. En cuanto tuviéramos nuestra nueva documentación, podríamos salir.

A finales de septiembre las autoridades municipales nos

dijeron que desalojáramos en el acto la pensión Rienzi, por lo que volvimos a encontrarnos sin hogar. Había vivido tres años en Marienbad en un entorno estable y la belleza y el ambiente sanaron mi alma. Me despedí de Herr Tutz, que tantas cosas me había enseñado como técnico dental. Confiaba en que, me llevara donde me llevara el destino, pondría en práctica esos conocimientos. Ocho de nosotros nos dirigimos a la estación de tren, y por el camino eché un último vistazo a los hermosos hoteles y al paseo marítimo. Esperaba volver algún día a este lugar mágico

Capítulo 25
Praga

Después de llegar a Praga en octubre de 1948, preguntamos por los hoteles más baratos. Teníamos fondos limitados, por lo que tomamos el tranvía a una zona de mala muerte, un nivel de alojamiento que tendría que bastar por ahora. El país era un verdadero Estado policial y una nueva ley limitaba la estancia a una sola noche en un hotel. Para evitar esa restricción, nos dividimos en grupos de dos y rotamos cada día a hoteles diferentes. Todas las mañanas nos reuníamos en la plaza de Wenceslao, donde podíamos mezclarnos con los lugareños. No podíamos estar seguros de cuándo un policía vestido de civil nos pararía para identificarnos. En la plaza había un cine que proyectaba noticiarios las 24 horas del día y ahí pasamos muchas noches para evitar volver a nuestras habitaciones infestadas de alimañas.

Volvimos a ver al gestor de documentos en numerosas ocasiones para enterarnos del progreso de nuestros papeles. Tenía una oficina lúgubre en el casco antiguo de Praga. Hacía frío y caminábamos a paso ligero, con el cuello del abrigo levantado y la cabeza gacha, esperando no llamar la atención. Cada vez que volvíamos, nos decían que nuestros papeles aún no estaban listos. Algunos de los otros chicos empezaron a inquietarse y a buscar otras salidas. Ahora solo quedábamos cuatro, y empezaba a preocuparme por cuánto tiempo podríamos aguantar.

En nuestra cuarta visita, no nos recibió el falsificador, sino varios detectives, quienes de inmediato nos pidieron nuestros documentos de identidad. Presenté mis papeles oficiales, pero los detectives también tenían mis documentos falsos y nos descubrieron. Un agente me preguntó qué documentos eran auténticos y le dije que era eslovaco. Me preguntó cómo había aparecido mi foto en el documento falso y le dije que no lo sabía. Me dijo que estaba detenido y me sentí como condenado a muerte.

Un vehículo se detuvo ante la puerta, nos metieron a los cuatro y nos llevaron. Al cabo de un rato, nos detuvimos y nos ordenaron que bajáramos de la furgoneta. Al salir vi que estábamos en un patio cerrado dentro de un enorme edificio con ventanas enrejadas. Era la prisión conocida como Karlovsky Vezeny. Me ficharon, me registraron y me preguntaron por mi última residencia. Les di el nombre de mi hotel y les dije que ahí no tenía nada, salvo una pequeña maleta con algo de ropa. Nos separaron a los cuatro y me llevaron a una celda en la que había unos sujetos aterradores. Parecía que ahí estaba todo el bajo mundo de Praga: delincuentes, pederastas y ladrones. Aunque les dije que no tenía nada, mis compañeros de celda me cachearon en busca de cigarros. Estaba en estado de *shock* y temía por mi vida.

Horas más tarde un guardia me llamó por mi nombre y me sacó de la celda. Me llevaron de nuevo al patio, donde me esperaba un vehículo más grande. Había una división sólida en el interior, así que no podía ver a los demás pasajeros ni comunicarme con ellos. En el argot carcelario, lo llamaban la María Negra. Hablar estaba prohibido y no sabía adónde me llevaban ni qué había sido de mis amigos.

Tras un largo trayecto, el auto se detuvo. Una verja metálica se abrió, entramos a algún lugar y aquella volvió a cerrarse tras nosotros con un fuerte estruendo. El sonido me produjo escalofríos. Las puertas de la furgoneta se abrieron y nos ordenaron salir. Mi primera impresión fue que estábamos dentro de una prisión muy grande. Tenía altos muros cubiertos de alambre de púas, torres de vigilancia y un gran edificio central con alas en forma de estrella. Vi muchas ventanas de celdas. Cada una tenía un número pintado en el muro y los guardias utilizaban esos números para identificar a los prisioneros que miraban por las ventanas, cosa que estaba estrictamente prohibida. Esta prisión se llamaba Pankratz y era un centro de máxima seguridad exclusivo para presos políticos. Me ficharon, me quitaron el cinturón y las agujetas y me llevaron a una sala para interrogarme. Pude ver mis documentos en una carpeta delante de los dos detectives, quienes me advirtieron que había cometido un delito grave contra el Estado y que pasaría muchos años en la cárcel a menos que les dijera cómo había conseguido los documentos falsos y quién más estaba implicado. Dijeron que no volvería a ver la luz del día a menos que confesara. Me mantuve firme en mi declaración inicial: no sabía por qué mi foto figuraba entre los documentos falsos y no quería perjudicar al gobierno. Me entregaron una hoja mecanografiada y me dijeron que la firmara. Cuando expresé que tenía que leerla antes de firmar, me dijeron que era solo una formalidad. Pero me di cuenta de que al firmar esa hoja estaría admitiendo cargos graves. Decía que era cómplice de un acto subversivo contra el gobierno. Me negué a firmar. El interrogador se puso furioso y me advirtió: "Voy a poner tu expediente en el fondo del cajón y pasarán 50 años antes de que alguien vuelva a verlo". Sabía que estaba metido en graves problemas. Me sentía desesperado por haber sobrevivido a la terrible experiencia de los campos y estar ahora en medio de esta situación. No sabía cómo, ni siquiera si iba a salir de ahí.

Uno de los detectives llamó a un guardia y me llevaron al cuarto piso del edificio. Había muchas celdas a ambos lados con una zona central vacía entre ellas. La celda a la que me trasladaron tenía un gran círculo rojo pintado en la puerta. No vi ninguna otra celda con el mismo símbolo y no sabía qué significaba. ¿Era una buena o una mala señal? Más tarde supe que estaba ahí porque a uno de sus ocupantes lo habían condenado a muerte.

El guardia abrió la puerta y me hizo entrar a prisa. Había una litera de tres pisos a cada lado de la habitación, una mesa pequeña, una banca a la mitad, un retrete de acero y una pequeña ventana con barrotes metálicos. Había cinco personas sentadas en la banca que miraban, intentando determinar qué delito había cometido. Cuando el guardia se marchó, me presenté y me preguntaron por qué estaba ahí. Les dije que me habían incriminado con unos documentos falsos. Estaba ansioso por saber quiénes eran, porque no me parecían delincuentes. Resultó que tres de ellos eran altos cargos del Partido Democrático y habían sido detenidos por los comunistas la primera noche del golpe; otro era abogado; y el quinto era un joven de unos 20 años, teniente del ejército checo. Cuando le estreché la mano, me di cuenta de que tenía todos los dedos desfigurados y me preocupó que yo pudiera acabar igual que ellos. Los cinco llevaban encarcelados al menos cuatro meses. Notaba que desconfiaban de mí, quizá porque sospechaban que era un soplón. En la prisión era práctica común infiltrar a un informante.

Yo era el más joven de la celda y todos los demás estaban relacionados con la política. Hicieron falta algunos días de preguntas antes de que se convencieran de que mi historia era cierta. Me sentí bien cuando me aceptaron y percibí que ahora podíamos coexistir como grupo. Los hombres me explicaron enseguida cómo convivíamos en un espacio tan reducido. El escusado, según me dijeron, también se utilizaba para lavar la ropa y el cuerpo y como fuente de agua potable, por lo que había que mantenerlo en óptimas condiciones. El suelo de madera se limpiaba todos los días. Cada semana se preparaba un programa de tareas para que todos supiéramos cuáles eran nuestras responsabilidades. Cuatro de los hombres estaban casados y tenían hijos, pero no habían podido ver ni escribir a sus familias desde el día en que los encarcelaron. El joven, de nombre Pável, era soltero. Era jefe de seguridad en Jachymov, una ciudad cercana a la frontera alemana donde se extraía uranio, y había sido detenido por supuestamente facilitar a los estadounidenses mapas de las minas y detalles del proceso de refinado. Lo interrogaban y lo torturaban de forma constante. La KGB* le había aplastado todos los dedos de las manos y de los pies y fue condenado a la horca. Él y yo nos hicimos muy amigos. Nuestras celdas se calentaban con radiadores de agua caliente, pero éstos servían para otros fines: cada noche, cuando se apagaban las luces, los presos empezaban a dar golpecitos en los radiadores para enviar mensajes en código morse. Los sonidos se oían en todo el edificio, pero los guardias no podían hacer nada al respecto. Por las mañanas, los reclusos de cada uno de los niveles podían salir a dar un paseo de 15 minutos. Nos ordenaban caminar en círculo y no hablar. Era una sensación terrible caminar en silencio y en círculos. Cuando volvíamos, nos dábamos cuenta de que los guardias habían revuelto completamente nuestras celdas en busca de contrabando. Nos permitían leer los libros que los celadores llevaban en carritos; la selección era limitada, pero leíamos y releíamos los mismos títulos para mantener la mente ocupada. También nos proporcionaban lápices y papel para que escribiéramos nuestros pensamientos.

El teniente Pável y yo nos hicimos buenos amigos. Lo respetaba porque, a pesar de su condena a muerte, estaba muy centrado en el aquí y el ahora. Él y yo hicimos un juego de ajedrez con pan y le enseñé a jugar. También le enseñé sobre judaísmo y el alfabeto hebreo. Muchas noches mis compañeros de celda me pedían que les hablara de mi familia y de mis experiencias en los campos. Aunque habían oído hablar de ellos, no tenían ni idea de cómo eran de verdad y les estremecía conocer los detalles. Se dieron cuenta de que yo ya había estado encerrado en circunstancias mucho más duras que ellos en esta prisión y dejaron de quejarse de sus experiencias como presos políticos.

Elaboramos un programa de ejercicios y cada día hacíamos un cierto número de planchas y abdominales, y dábamos 200

---

*La KGB fue la agencia de seguridad más importante de la Unión de Repúblicas Socialistas Soviéticas (URSS). [N. del E.]

vueltas alrededor de la celda. Nuestra dieta era vasta: avena para desayunar con té; sopa para comer con un trozo de pan; té, pan y queso para cenar. Recuerdo que mi primera cena del sábado fue pan y un queso maloliente llamado Quargel. Me preguntaba quién podría comerse esa apestosa asquerosidad, pero al final terminó por gustarme. La rutina diaria era llevadera, aunque afectaba más a los hombres con familia.

Los ordenanzas, que también eran presos políticos, nos servían la comida e intentaban mantenernos al corriente de los acontecimientos del exterior pasándonos información cuando los guardias no estaban vigilando. Así nos enteramos de que habían ahorcado a tres generales en el patio. No tenía comunicación con nadie fuera de la prisión y tampoco nadie se había comunicado conmigo desde la oficina de la cárcel. Me preocupaba mucho la posibilidad de pasar aquí el resto de mi vida y desaparecer sin más. Un día un guardia llamó a la puerta, mencionó mi nombre y me entregó un documento en el que se declaraba que había cometido un delito contra el gobierno y que tendría que pasar diez años recluido. Esto era "justicia" sin juicio. ¿Cómo podría alguien sobrevivir diez años en ese agujero? Mis compañeros de celda me dijeron que no me preocupara y me aseguraron que los estadounidenses no tardarían en correr a los comunistas. Por desgracia, yo sabía que eso no iba a ocurrir, pero no quería frustrar sus esperanzas. Era el 15 de marzo de 1949, cumplía 20 años y estaba desesperado. Sabía que necesitaría un milagro para salir de mi situación.

Otro de nuestros pasatiempos diarios consistía en inducir la hiperventilación y aguantar la respiración mientras otra persona nos levantaba por detrás. Esto nos llevaba a un estado de trance y provocaba unos 20 minutos de sueños y alucinaciones. Después hablábamos de nuestros sueños e intentábamos descifrar mensajes o señales de salvación. Estas sesiones siempre me recordaban la historia bíblica de José, encarcelado en la prisión del faraón en Egipto. Al igual que mis compañeros de celda, José era muy bueno descifrando los sueños del faraón y, curiosamente, a mediados de abril, el mejor intérprete de nuestra celda sugirió que uno de mis sueños era una señal de que pronto saldría de la cárcel. Era una idea maravillosa, pero no le creí mucho. Sin embargo, el resto de mis compañeros se tomaron la interpretación muy en serio y empezaron a escribir notas a sus familias. Las escondieron en el forro de mis zapatos y me hicieron prometer que las entregaría en cuanto me liberaran.

Algunos días más tarde, un guardia abrió la puerta de nuestra celda, me llamó por mi nombre y me dijo que lo siguiera. Todos me miraron con expresión de sorpresa, aunque yo no sabía si despedirme. Tenía muchas ganas de darle un abrazo a mi amigo Pável, pero no fue posible. El guardia me condujo al despacho del director, donde vi a mi amigo Mike y a un civil que no conocía. El director anunció que el civil nos había garantizado que saldríamos del país en un plazo de 24 horas. Mike y yo tuvimos que firmar documentos aceptando estas condiciones. Si no abandonábamos el país en ese lapso y nos volvían a detener, dijo el director, nos condenarían a cadena perpetua de forma automática.

Estaba dispuesto a firmar lo que fuera con tal de salir de ahí. Un guardia me devolvió mis pertenencias, el cinturón, las agujetas y las pocas monedas checas que llevaba en los bolsillos. Nos llevaron a la puerta principal y nos dejaron salir. La libertad era una sensación increíble y yo me sentía en las nubes. Era el 1 de mayo de 1949. Llevaba seis meses en la cárcel y oía las celebraciones del Primero de Mayo y la música a lo lejos. Era maravilloso. Le preguntamos al hombre que nos había liberado adónde nos llevaba, pero nada más nos indicó que tomáramos el tren a Košice y se fue. Estábamos pasmados. Buscamos un pequeño restaurante para poner en orden nuestras ideas y hacer planes para el viaje. Entré al baño para sacar todos los mensajes de mis zapatos. Mientras tomaba un café, consulté las direcciones y pregunté al mesero cuál me quedaba más cerca. Teníamos aproximadamente cuatro horas antes de que saliera el tren. No tuve tiempo de entregar *todas* las cartas de forma individual, pero sí llevé una a la mujer de uno de mis amigos presos. También sabía que tendría que pasar algún tiempo hablándole de su marido después de todos los meses que habían estado alejados. Mike y yo decidimos separarnos. Él fue a la comisaría y yo planeé reunirme con él en un par de horas. Encontré la dirección más cercana y toqué el timbre. Una señora abrió y le dije que acababa de salir del Pankratz y que su marido, el abogado, y yo éramos compañeros de celda. Al principio se quedó sin poder articular palabra, pero enseguida me acribilló a preguntas: "¿Cómo está? ¿Cómo lo lleva? ¿Está bien?". Le aseguré que estaba bien física y mentalmente. Intenté darle toda la información que mi tiempo me permitiera. Le entregué las cartas y dejé que leyera primero la de su marido. Gruesas lágrimas bañaban su rostro. Esperé a que terminara y le pregunté si podía entregar las cartas a las otras esposas porque yo tenía que irme de la ciudad lo antes posible. Me prometió que lo haría y me preguntó si podía hacer algo más por mí. Le dije que le agradecería si me pudiera dar algunos sándwiches y me los dio con gusto. Le aconsejé que siguiera escribiendo a las autoridades de la prisión. Me despedí y me marché a toda prisa, sintiéndome bien por haber cumplido mi promesa a su marido y a los demás.

Subí al tranvía y me dirigí a la estación de tren. Vi a Mike en el lugar donde habíamos quedado, compramos los boletos y esperamos a que nos llamaran para abordar. El viaje de Praga a Košice fue largo: el tren salió a las cinco de la tarde y llegó hasta la mañana siguiente. Me preocupaba la policía, que pasaba con frecuencia por los vagones y pedía a la gente que se identificara y explicara el motivo de su viaje. Esperaba que pudiéramos evitar esa situación. Cuando atravesamos Bohemia y Moravia y entramos en Eslovaquia, sentí alivio porque la policía eslovaca no conocía nuestras circunstancias y no corríamos peligro.

Capítulo 26
Regreso a Košice

En cuanto llegamos a Košice, me fui a alojar con la familia Gottlieb y Mike se quedó con su padre. Teníamos poco tiempo para encontrar una forma de salir de Checoslovaquia y analizamos todas las posibilidades para escapar del país. En la primavera de 1949 un gran grupo de judíos húngaros cruzó la frontera huyendo del comunismo. Muchos de ellos fueron acogidos por la comunidad judía de Bratislava. Nos enteramos de que el gobierno eslovaco permitiría que estos judíos húngaros se marcharan a la zona estadounidense de Austria porque se les consideraba extranjeros. Pensamos que sería nuestra oportunidad de abandonar también el país.

Mike y yo empacamos nuestras pertenencias, tomamos el tren a Bratislava y nos registramos como judíos húngaros en el centro comunitario. El lugar estaba atestado de gente y no había mucho espacio. Encontramos algunos chicos y chicas de nuestra edad y nos unimos a ellos. Todos hablábamos húngaro y nos sentíamos bien formando parte de ese grupo. Estábamos muy entusiasmados con el viaje, pero ninguno sabía con certeza cuándo partiríamos.

El grupo al que nos unimos había cruzado la frontera desde Hungría con pequeñas mochilas, mientras que mi amigo y yo llevábamos cada uno una maleta bastante grande. Nos dimos cuenta de que esta evidente disparidad podía poner en peligro nuestras posibilidades de llegar a la zona estadounidense, porque las autoridades podrían darse cuenta de que no éramos de verdad refugiados húngaros. Distribuimos la mayor parte de nuestra ropa entre los otros chicos y redujimos nuestras pertenencias al mínimo. Metí la ropa que me quedaba en una pequeña mochila desechada que encontré entre un montón de maletas vacías de transportes anteriores. Una vez hecho esto, me sentí mejor integrado en el grupo, que incluía a una hermosa chica pelirroja llamada Tova, también superviviente húngara. Nos hicimos buenos amigos y, con el tiempo, se convirtió en mi primera novia. Había pasado toda mi adolescencia con chicos y hombres, por lo que ésta era una experiencia nueva para mí.

Nos dijeron los responsables de la comunidad judía que no debíamos salir del recinto por si nos detenía la policía; si eso ocurría, nadie podría ayudarnos. Dos días después se anunció que el transporte saldría ese mediodía. La policía de fronteras colocó largas mesas en el patio comunitario, y nosotros, en fila india, pusimos las mochilas sobre la mesa para que las revisaran. Un agente selló el documento de registro falso que yo había recibido al llegar. Tras el control policial, subimos a los vagones y se cerraron las puertas. No tenía miedo de este tren: era mi boleto a la libertad. Cuando el tren arrancó, todos empezamos a cantar y a reír. Sabíamos que nuestro destino era Viena y que dejábamos atrás el Estado comunista. Teníamos grandes esperanzas de alcanzar por fin la libertad.

Dos horas después el tren se detuvo y se abrieron las puertas. Salimos de los vagones y vimos varios camiones grandes del ejército estadounidense que nos esperaban. Los conductores pertenecían a una organización judía llamada Bricha, que se dedicaba a sacar a adolescentes judíos de los campos de desplazados europeos para llevarlos a Israel, Estados Unidos y otros lugares. Menos de dos semanas antes había estado en una prisión de Praga y ahora me encontraba de camino a Viena.

Llegamos al sector estadounidense de Viena y de inmediato nos condujeron a un gran edificio llamado Hospital Rothschild, que en realidad no era un hospital en aquel momento, sino un centro de procesamiento de refugiados. Era el principal punto de tránsito de todos los refugiados de Viena a diferentes lugares del oeste y a campos de desplazados situados en las zonas estadounidenses de Austria y Alemania. Nos registraron y nos dijeron que buscáramos un sitio en el edificio, lo que era casi imposible porque la gente estaba prácticamente colgada de las vigas. No había intimidad y había un gran número de personas hacinadas. Nos animaron a salir para dejar sitio a otros que vendrían del este. Muchos, incluida mi novia, Tova, se dirigieron en tren a Génova, Italia, para embarcar con destino a Israel. Mi amigo Mike se dirigía a Australia y yo planeaba ir a Canadá.

Mi permiso para Canadá todavía estaba retenido en la embajada de Praga. Tras hacer algunas averiguaciones, me enteré de que no había consulado canadiense en Viena; pero sí en la zona estadounidense de Salzburgo. Esto suponía un nuevo problema. ¿Cómo podía ir de Viena, a través de la zona rusa, a Linz y a un campo de refugiados llamado Ebelsberg, que estaba a cuatro kilómetros de Linz, en la zona estadounidense de Austria? El campo de desplazados era la única opción para conseguir comida y refugio porque no tenía dinero ni medios para conseguirlo.

Pedía consejo a todo el que encontraba. Mientras tanto, mis amigos y yo recorrimos Viena, la ciudad imperial del Imperio austrohúngaro. Visitamos el palacio de Schönbrunn, la Escuela Española de Equitación y muchos otros lugares hermosos. Un día, mientras paseábamos, nos cruzamos con un grupo de personas que hablaba checo. Las detuve y les pregunté qué hacían en Viena. Resultó que también eran refugiadas que buscaban pasaje a la zona estadounidense y les pregunté cómo planeaban llegar hasta ahí. Me dijeron que había una organización checa clandestina que ayudaba a los refugiados a cruzar la zona rusa por diez dólares estadounidenses. Me dijeron que saldrían en unos días y me dieron la dirección de la organización.

A la mañana siguiente fui a buscar la dirección señalada. En la puerta no había letrero de ningún tipo y el grupo solo ocupaba una pequeña habitación. Cuando entré, les conté cómo me había enterado de la existencia de la organización y les dije que necesitaba ir a Linz, en el sector estadounidense. En un principio me aseguraron que no podían ayudarme. Después de interrogarme, me di cuenta de que tenían miedo de confiar en mí por temor a que denunciara sus actividades. Les dije que había estado preso en la cárcel de Pankratz, en Praga, y que había sobrevivido a los campos, lo cual pareció calmar su recelo. El encargado me informó que cada tercer día enviaban a un grupo de diez personas a la zona estadounidense. Esto era lo máximo que podían acomodar porque solo tenían un guía en quien confiar para dirigir a cada grupo. Me dijo que los tres grupos siguientes ya estaban ocupados, así que si quería ir, tendría que esperar nueve días más. Me pidió los diez dólares y se los entregué. Tendría que presentarme en la oficina un día antes de la salida para que me informaran sobre los pormenores de la travesía nocturna. Me sentí aliviado porque al menos ya tenía un día fijo para el siguiente paso de mi aventura, que sería crítico. Esperaba que el viaje fuera un éxito y que no surgiera ningún problema.

Mientras contaba los días que faltaban para mi partida de Viena, reflexionaba sobre cómo me sentiría al dejar a mi buen amigo Mike, con quien había compartido muchos años maravillosos y reparadores en Marienbad. Sentía que habíamos crecido juntos durante esos tres años formativos de posguerra. Había aprendido mucho de él y me había motivado de verdad en muchos aspectos. También me separaría de Tova, que era encantadora, amable y una compañera maravillosa. Me costó mucho despedirme de ella, aunque solo hacía un mes que la conocía. Estaba indeciso entre irme con ella a Israel o unirme a mis amigos del centro de acogida, que ya estaban en Canadá. Separarme de Tova me dejó un gran vacío y me encontré solo para afrontar mi próximo viaje a la zona estadounidense.

Después de que Mike y Tova se marcharon, fui a mi reunión informativa sobre el viaje. Éramos nueve jóvenes checos y yo. Nos dijeron que llegáramos a la estación de tren a las seis de la mañana siguiente. Debíamos vestirnos como si fuéramos de excursión y llevar provisiones como pan, queso, fruta y agua para dos días. El guía estaría en la estación vestido con los clásicos *lederhosen*, es decir, pantalones cortos de cuero con tirantes y un sombrero de cazador. No debíamos hablar con él, sino simplemente seguirlo cuando subiera al tren y repartirnos por todo el vagón. Cuando él se bajara, debíamos de bajar también. Era importante evitar parecer un grupo y debíamos dispersarnos con discreción. Había que tomar todas estas precauciones porque entraríamos en el sector ruso y era imposible saber quién nos estaría vigilando ahí. Si bien era fácil ingresar al sector ruso, salir era más difícil. Nos pedirían que mostráramos nuestros documentos, y si los rusos no estaban satisfechos, podrían arrestarnos y enviarnos a los Gulags en Siberia.

Después de la sesión informativa, fui a comprar mis provisiones y volví al Hospital Rothschild para preparar mi viaje. Esa noche fui con algunos compañeros a un pequeño restaurante y comimos algo. Los amigos que me quedaban sabían que me iba y también estaban preparando sus propios viajes. A la mañana siguiente, temprano, me levanté y salí mientras los demás aún dormían. En la estación de tren compré el boleto a Linz y vi a los demás miembros de mi grupo y al guía austriaco en el andén. No nos dirigimos la palabra y tan solo seguimos las instrucciones que nos habían dado. Cuando el tren salió de la estación, crucé los dedos y esperé lo mejor.

Cuatro años antes, tras mi liberación en mayo de 1945, había regresado a Checoslovaquia desde esta misma región. Ahora me encontraba de camino a un campo de desplazados cerca de Linz para refugiarme hasta que diera el siguiente paso en mi intento de emigrar a Canadá. ¡Qué giro tan drástico de los acontecimientos! ¿Cómo podría enfrentarme al pueblo austriaco, entre quienes estaban muchos que fueron perpetradores, colaboradores y espectadores durante la época nazi? Me resultaba difícil asimilar esta nueva realidad.

El tren se detuvo y nuestro guía se bajó. Cuando salí detrás de él, sentí una sensación extraña, como si hubiera estado aquí antes en un sueño. Busqué el nombre de la estación y vi que era Melk, donde había trabajado como esclavo en los túneles subterráneos durante dos meses. Me invadió un sentimiento de terror y pensé que quizás estaba atrapado en alguna trampa. Me di la vuelta y vi el monasterio franciscano en la colina.

El guía siguió caminando fuera de la estación y yo lo seguí a pesar de mis temores. Nos llevó a un lugar boscoso y montañoso. Ahí se detuvo y nos dijo que estábamos en la zona rusa y que teníamos que mantenernos alejados de la gente y de las patrullas rusas. Nuestro objetivo era llegar a la ciudad de Steyr, a unos 65 kilómetros de distancia, en la zona estadounidense. No sería fácil, dijo, pero todos éramos jóvenes y podíamos lograrlo. Lo seguimos en fila y lo observábamos por si había algún peligro. No podíamos hablar en voz alta. Caminamos hasta después del atardecer y nos detuvimos en un refugio sin paredes. Nos acostamos para dormir después de comer y beber un poco de agua. Hubiéramos encendido una fogata y hablado de lo que había pasado ese día, pero eso habría llamado la atención. Caí rendido.

Por la mañana, sentí que alguien me sacudía para despertarme. El guía nos dijo que volveríamos a salir en 15 minutos y que comiéramos algo antes de irnos. Era una mañana soleada y caminamos a un ritmo constante, a unos tres kilómetros por hora durante varias horas seguidas. Por fin llegamos al límite de una zona ligeramente arbolada y nos detuvimos. Eran las siete de la tarde. Nos reunimos alrededor de nuestro guía, ocultos tras unos matorrales. Debajo de nosotros, a unos 500 metros, había un prado y unos espesos arbustos a la orilla de un arroyo. Entonces el guía nos dijo que tendríamos que esperar a que pasara una patrulla fronteriza rusa montada a caballo, permanecer escondidos otros 15 minutos y luego correr como locos, saltando por encima de los arbustos y el arroyo. Si lo conseguíamos, estaríamos en la zona estadounidense. Hicimos tal cual lo que nos dijo. En efecto, llegaron dos guardias a caballo y esperamos a que pasaran. Me di cuenta de que era el momento crucial y que teníamos que llegar hasta esos arbustos para ponernos a salvo. Arrancamos y corrimos como el viento, saltando por encima de los arbustos y cayendo a un arroyo fangoso al otro lado. Estábamos cubiertos de lodo de pies a cabeza, pero no podíamos entretenernos en enjuagarnos.

Ahora que me encontraba a salvo en la zona estadounidense, estaba ansioso por seguir adelante porque aún tenía que tomar un tren de Steyr a Linz y luego recorrer otros cuatro kilómetros hasta el campo de desplazados de Ebelsberg. El resto de mi grupo tenía otros destinos. Entré en la estación de Steyr y vi que en media hora llegaba un tren con dirección a Linz. En la sala de espera muchas personas bien vestidas me miraban con insistencia. Seguro que parecía que acababa de llegar de hacer un trabajo sucio fabricando ladrillos de barro.

El tren me llevó a Linz hacia las ocho de la tarde y de inmediato empecé a caminar hacia el campo de desplazados de Ebelsberg. Estaba muy cansado y quería llegar antes de que oscureciera. Caminando por Linz, me sorprendió ver lo rápido que la habían reconstruido. Cuando llegué en aquella barcaza fluvial en 1945, en las calles se observaban cráteres que las bombas habían horadado y que cubrían gran parte de la ciudad.

CAPÍTULO 27
CAMPO DE DESPLAZADOS DE EBELSBERG

Hacia las nueve de la noche, por fin llegué a la puerta del campo de refugiados de Ebelsberg. El guardia me informó que tenía que presentarme en la oficina de la UNRRA (Administración de las Naciones Unidas para el Auxilio y la Rehabilitación). Así lo hice y después me indicaron que me dirigiera a una determinada barraca donde me asignarían un catre. La oficina principal estaba cerrada, por lo que debía volver a la mañana siguiente para registrarme. Lo primero que tenía que hacer era lavar mi ropa y mis zapatos llenos de barro y colgarlos para que se secaran. Había sido un día muy largo, estaba agotado y me fui a dormir. A la mañana siguiente me despertó una acalorada discusión entre mis compañeros de barracón. Todos eran húngaros, así que nos presentamos y les pregunté cómo funcionaba el campo. Muchos de ellos llevaban años ahí y esperaban una oportunidad para marcharse, pero no conseguían permisos de países dispuestos a aceptarlos.

Me dirigí a la oficina del UNRRA para registrarme y me dieron un documento de identidad. Luego di una vuelta para familiarizarme con el lugar y su distribución. Las barracas, unas 20, habían sido originalmente construidas para una unidad de tanques de las SS. En algunas de ellas se alojaban matrimonios y niños que habían nacido en el campo. El sitio estaba lleno de gente que deambulaba de un lado a otro y cuyas habilidades no se aprovechaban. No parecían muy felices viviendo en estas circunstancias. Las puertas se cerraban por la noche a una hora determinada y después no se podía entrar en el campo. La comida era muy básica, pero teníamos pan y queso en abundancia y, si tenías dinero, era posible complementar la dieta con fruta y verdura.

Cerca del campamento, había un gran estacionamiento donde se estacionaban muchos camiones y *jeeps* del ejército. Pertenecían a la policía militar estadounidense. Cerca había un barracón utilizado para almacenar provisiones. Me fijé en un gran camión que entraba en la zona de carga del almacén. Contenía muchas barras de pan y enormes ruedas de queso Emental. El chofer era un chico de mi edad y le pregunté si podía ayudarle a descargar las provisiones. Me dijo que sí y se presentó como Sandor. Cuando el camión estuvo vacío, subí a la cabina con él y lo acompañé mientras regresaba al estacionamiento. Le pregunté si podía conducir con él y ayudarle en lo que hiciera, ya que acababa de llegar al campamento y no conocía a nadie. Me impresionó su habilidad para manejar un camión tan grande y pensé que podría mantenerme ocupado acompañándolo. Aceptó.

Cada dos días nos dirigíamos a Salzburgo para recoger provisiones para el campamento. El viaje duraba unas tres horas en cada sentido. Un día le dije a Sandor que tenía un permiso para ir a Canadá, pero que debía ir a la embajada canadiense. En el siguiente viaje me dijo que me esperaría mientras yo iba a la embajada a abrir un expediente. Era el 1 de junio de 1949. La secretaria era una joven británica muy amable. Le dije que mi permiso para Canadá estaba en la embajada de Praga y me aseguró que se encargaría de trasladarlo a Salzburgo en valija diplomática. Mientras tanto, tenía que someterme a revisiones médicas y radiografías. Me dijo que volviera dentro de dos o tres semanas para conocer los resultados de los exámenes médicos y ver si había aprobado o no.

Además de los camiones grandes, Sandor también tenía acceso a un *jeep* del parque de vehículos, en el cual los fines de semana íbamos a Salzburgo y me mostraba la ciudad. Era hermosa y me

Campo de desplazados de Ebelsberg, 1949. El conductor, Sandor (izquierda), y yo (centro) en el camión del ejército que transportaba víveres.

impresionó la casa de conciertos Mozarteum. Un día se estaba celebrando un festival de Mozart y pude ver a la gente haciendo fila para asistir. Quería escuchar la música, pero no tenía los medios para hacerlo. En cambio, Sandor y yo fuimos a nadar al río Enns y me presentó mi primera botella de Coca-Cola. Sabía horrible, pero después de la segunda botella me enganché.

La ciudad me impresionó por su belleza, las tiendas llenas de mercancías, los restaurantes y cafés abarrotados y la gente bien vestida que paseaba por las calles. Me preguntaba cómo habían podido reconstruir su ciudad y ser tan prósperos mientras mis compatriotas y yo seguíamos en un campo de desplazados.

A finales de junio volví a la embajada canadiense para saber cómo iba mi visado y me informaron que me lo habían denegado porque la radiografía mostraba una mancha en los pulmones. Fue una noticia devastadora, y creo que la secretaria se sintió tan mal como yo. Me dijo que volviera al mes siguiente y presentara otra solicitud. En julio fui a la embajada a llevar la solicitud por segunda vez. Tuve que volver a pasar por el proceso de exámenes médicos y radiografías. Me dijeron que podía esperar los resultados a finales de julio.

Mientras tanto, la UNRRA informó, mediante avisos, que el campo cerraría a finales del año. Esto sembró el pánico porque mucha gente no tenía planes alternativos ni lugares adónde ir. Algunos de mis amigos del orfanato de Marienbad ya estaban en Toronto y yo seguía en contacto con ellos por correo. Les escribí contándoles acerca de las dificultades que estaba teniendo para conseguir un visado. Me animaron a seguir adelante. Por mi parte, me mantuve ocupado con Sandor tanto entre semana como los fines de semana. Me sentí privilegiado cuando nos veían en el *jeep* en nuestras excursiones de fin de semana. También practiqué inglés con Sandor, que hablaba el idioma con fluidez. Esto me ayudó a prepararme para Canadá. A finales de julio volví a la embajada y me volvieron a denegar la entrada en el país. No entendía por qué me denegaban la entrada a mí y a muchos otros judíos del campo.

La embajada estaba siempre llena de gente solicitando visados. Me di cuenta de que muchos de los hombres que se presentaban eran grandes y fuertes y hablaban lenguas eslavas. Algunos eran húngaros y otros incluso franceses. Al parecer todos conseguían los visados sin problemas. Supe entonces que estas personas se alojaban en otro campo a un par de kilómetros de Ebelsberg. De alguna manera se corrió la voz de que todos eran antiguos miembros de unidades de voluntarios de las SS que lucharon bajo el régimen nazi. Cuando veía a estos hombres en la embajada, no intercambiábamos palabra alguna. Años después de mi llegada a Canadá me enteré de que, en muchos casos, a los perpetradores se les permitía inmigrar a Canadá y a otros países antes que a sus víctimas.

A principios de octubre volví a la embajada y la secretaria se alegró mucho de verme. Me dijo que tenía buenas noticias. "Tengo tu visado para Canadá", me dijo, "y mañana por la mañana tienes que tomar el tren de Salzburgo a Bremerhaven (Alemania), donde embarcarás en el *Samaria*, un buque de vapor de Cunard, con destino a Canadá".

Llegué a Canadá en el SS *Samaria*.

Capítulo 28
Canadá

A bordo del *Samaria* a los desplazados nos alojaron en la bodega del barco. Dormíamos en hamacas que colgaban del techo, mientras que los pasajeros con boleto pagado dormían en las cubiertas superiores en camarotes a los que nunca tuvimos acceso. Podíamos observar el mundo exterior a través de los ojos de buey del transatlántico. Recuerdo haber visto los acantilados blancos de Dover cuando salimos del canal de la Mancha y navegamos hacia el océano Atlántico. Hacía viento y las olas sacudían el barco de un lado a otro. Conforme el tiempo empeoraba, muchas personas comenzaron a marearse y el hedor nauseabundo pronto se hizo insoportable. La tripulación no era capaz de mantener las condiciones de saneamiento y los pasajeros de la bodega, que se volvieron revoltosos y delirantes, gritaban que querían salir del barco. A muchos los sujetaron a la fuerza. Yo también empecé a sentir náuseas, pero un marinero me aconsejó que siguiera comiendo porque el mareo era peor con el estómago vacío. Seguí su consejo y fui al comedor. Éramos muy pocos en la mesa.

Después de ocho días, la tormenta por fin amainó. Entonces quedamos atrapados en una espesa niebla y la sirena del barco sonaba con frecuencia para advertir a otros buques de nuestra presencia. Sin radar, el barco tuvo que navegar a muy baja velocidad para evitar colisiones. Por fin se detuvo por completo y vi a través de los ojos de buey que estábamos en el estuario de lo que más tarde supe era el río San Lorenzo. Pude ver las agujas de las iglesias y la ciudadela de Quebec. Un barco se acercó y un piloto subió a bordo para atracar al *Samaria*. Estaba por fin en Canadá. Primero desembarcaron los pasajeros de las cubiertas superiores y luego nos tocó a nosotros. Todos los desplazados fuimos escoltados a una terminal. A mí me entregaron una etiqueta en la que se leía "Toronto" y me dijeron que la llevara colgada del cuello. Había muchos carteles grandes con los nombres de distintas ciudades canadienses y nuestros destinos estaban determinados por la organización que había patrocinado nuestros visados. En nuestros papeles de la UNRRA figuraba un certificado de desembarco: era el 25 de octubre de 1949. En otra mesa de la terminal me dieron un sándwich y una taza de café y con esto en la mano me dirigí a subir al tren a Toronto, que estaba listo y esperando. Tenía hambre y me comí el sándwich inmediatamente, sin darme cuenta de lo largo que iba a ser el viaje. El viaje duró toda la noche y hasta la tarde siguiente, con paradas en todas las estaciones. No tenía dinero para comprar comida y tuve hambre durante todo el trayecto.

Mientras viajaba en el tren, me preguntaba qué me esperaba en Canadá. Sabía que dependería de mí forjarme una vida en este país, un pensamiento que me producía bastante ansiedad. A medida que el tren avanzaba en medio de la noche, veía las luces de las casas y me imaginaba a gente viviendo segura y cómodamente en su interior. Éste era mi sueño: vivir en un entorno seguro con un futuro que dependiera de mí. Por los libros de Jack London que había leído de niño, me imaginaba Canadá como una tierra inmensa con cielos abiertos, una población relativamente pequeña y pueblos indígenas vestidos con trajes tradicionales. Quería vivir en medio de la naturaleza, no en una enorme ciudad estadounidense como Nueva York.

Cuando llegué a la Union Station de Toronto, me recibió un amigo, Alex Weiss, que había desembarcado unos meses antes. Le había escrito a Alex desde el campo de desplazados sobre mi inminente llegada en el *Samaria*. Me alegré mucho de verlo.

Mi tarjeta de identificación de inmigrante, con la fecha de desembarco: 25 de octubre de 1949.

Subimos a un taxi y nos dirigimos a casa de los señores Cass, una pareja de ancianos que abrieron las puertas de su hogar a los desplazados recién llegados. Dos de mis conocidos de Marienbad ya estaban alojados ahí.

La señora Cass me mostró la vivienda y se tomó la molestia de explicarme el funcionamiento del inodoro de cadena y del teléfono de pared. Mientras que Marienbad tenía instalaciones modernas, este alojamiento era algo deficiente. Pero la señora Cass tenía un corazón de oro y genuinamente quería ayudarnos. En esta casa tuve una base firme sobre la que apoyarme para lograr mi adaptación a un nuevo mundo. Estaba bajo la tutela del Servicio Judío para la Familia y la Infancia, que me proporcionó un traje hecho a medida y un abrigo de invierno, me pagó el alojamiento e incluso me dio unos cuantos dólares mientras encontraba trabajo. Este servicio me ayudó bastante, y lo agradecí.

Desde la seguridad de Canadá, pude ver que la Europa de la posguerra era una intrincada red de sistemas políticos en competencia. Los países se estaban reconstruyendo y los gobiernos intentaban restablecer un sentido de normalidad sobre las arenas movedizas del totalitarismo y la democracia. Había experimentado toda la gama de sistemas políticos, desde el fascismo en Hungría y el nazismo en los campos hasta un breve periodo de democracia en la Checoslovaquia de la posguerra y una toma de poder comunista en 1948. Durante mis últimos meses en Checoslovaquia anhelaba un hogar donde pudiera tener seguridad y libertad, espacio para sanar del horror de los campos y la capacidad de vivir como un ser humano normal. Pero no podía visualizar cómo sería mi sueño de libertad en un nuevo mundo. Solo tenía un conocimiento básico de inglés y poca educación formal. Para mí Canadá era una luz brillante de esperanza, un lugar donde finalmente podría alcanzar la seguridad física y emocional que tanto anhelaba.

En Marienbad había pasado tres años de entrenamiento como técnico dental, y pensé que no tendría problemas para encontrar empleo en este campo. Los Servicios Vocacionales Judíos me dirigieron a tres laboratorios dentales. Pero ninguno quiso contratarme, a pesar de que me ofrecí a trabajar sin cobrar durante unas semanas para demostrar mis capacidades. Esto me sacudió: tenía formación y confianza en el campo, pero no conseguí emplearme. Tuve que buscar otro trabajo. Los Servicios Vocacionales Judíos me enviaron a una pequeña tienda que estaba dispuesta a contratar refugiados. La Art Bookbinding and Novelty Company, que fabricaba álbumes de boda y otros artículos, me contrató con un salario inicial de 25 centavos la hora. Una botella de Coca-Cola costaba cinco centavos, un boleto de tranvía más o menos lo mismo, pero yo estaba contento de tener un trabajo y de poder ganar dinero.

La jefa de la empresa, Rose Cosman, era muy amable con los nuevos inmigrantes. Me llamaba Max en vez de Tibor, cosa que acepté porque encajaba mejor en el contexto canadiense y porque además tenía una correspondencia bastante exacta con mi nombre hebreo, Mordecai. Rose se convirtió en mi suegra cuando me casé con su hija, Ivy, en 1952. Ella y su marido, Samuel, nos presentaron, y llevamos más de 60 años felizmente casados y tenemos dos hijos, dos nietos y tres bisnietos.

Estoy en deuda con mi familia política por haberme facilitado la adaptación a Canadá. De hecho, mi nueva familia me acogió con tanta generosidad que pude integrarme en el nuevo entorno y adoptar los valores canadienses de familia, trabajo duro, libertad de expresión y disfrute.

Después de unos años en Art Bookbinding y de probar suerte en un negocio de venta al por mayor de ropa, pude crear una exitosa empresa relacionada con la encuadernación, mientras Ivy trabajaba en casa cuidando de nuestros dos hijos.

A los 15 años entré en Auschwitz y perdí a todos mis seres queridos en cuestión de meses. Hoy, a los 86 años, mi corazón de nuevo se siente pleno. Aunque estoy retirado de los negocios, parece que trabajo más duro que nunca como educador sobre el Holocausto en escuelas y otras instituciones de todo el país. También acompaño a grupos a Polonia para la Marcha de los Vivos y en misiones de Amigos del Centro Simon Wiesenthal, con el fin de informar a la gente sobre las realidades del Holocausto y mantener viva la memoria histórica. De este modo he cumplido la última promesa que le hice a mi padre: contar la historia de nuestro sufrimiento colectivo para que nunca se olvide.

Ivy, mi esposa, y mis dos hijos, Edmund (izquierda) y Larry.

Epílogo

En muchos sentidos, mi nueva vida en Canadá fue difícil. Tuve que aprender un nuevo idioma, nuevas costumbres, nuevos valores. Tuve mucha suerte de conocer a gente que me apoyó mucho en este viaje. Poco después de mi llegada conocí a mi futura esposa y a su familia, que me ayudaron a asentarme y a participar más plenamente en mi nuevo mundo. En aquellos primeros años tuve que enfrentar muchas dificultades: hacer malabares entre la escuela nocturna y el trabajo, el rechazo de mis habilidades profesionales y trabajos de poca monta para cubrir mis necesidades. Pero siempre tenía ante mí el objetivo de alcanzar la seguridad.

No fue hasta que me jubilé en 1988 que tuve tiempo de reflexionar sobre mi pasado como superviviente del Holocausto. Sin las exigencias diarias del trabajo, pude dedicar tiempo como conferencista educador y hacer frecuentes presentaciones a estudiantes y adultos. Volver a los lugares del Holocausto en Europa con grupos también forma parte de mi propio viaje de vida. Al compartir mis experiencias con organizaciones como la policía local, la policía provincial y el Colegio de las Fuerzas Canadienses, he podido impartir mis conocimientos sobre los años de 1933 a 1945 en Europa.

Ahora, años después, cuando les narro mi historia a los jóvenes, suelo contarles cómo, en aquella fatídica noche de Pascua de abril de 1944, nuestra familia se reunió alrededor de la mesa del

Johnnie Stevens, del 761° Batallón de Tanques Pantera Negra, y yo en Nueva Jersey, 1999.

Séder en relativa paz y libertad para cantar canciones de redención de la esclavitud en Egipto. Irónicamente, en pocas horas nos vimos reducidos a un estado de absoluta indefensión y despojados de todos y cada uno de los derechos humanos.

En un tono más positivo, además de mantener un riguroso programa de conferencias, encuentro tiempo para relajarme en mi casa de campo, en donde tengo un velero CL-16. De alguna manera, pudo haber sido inspirado por el hermoso lago que vi durante la marcha de tres días desde Linz al campo de concentración de Ebensee en 1945. La imagen de ese aviador alemán remando en un bote con su joven pareja fue tan poderosa que me dije a mí mismo que, si sobrevivía, algún día tendría mi propia embarcación.

Tras años de hablar como sobreviviente, consideré que el siguiente paso lógico sería escribir mis memorias. Me sentí aliviado cuando completé un borrador del manuscrito justo antes de partir para otro viaje a Polonia con motivo de la Marcha de los Vivos de 2015. Después de narrar mi experiencia de supervivencia en

Auschwitz a un grupo de adultos, viajé a Luneburgo, Alemania, el 21 de abril de 2015, para actuar como testigo en el juicio de Oskar Groening, quien fuera un guardia de las ss en Auschwitz II-Birkenau. Groening fue acusado de estar presente en la plataforma de llegada a Birkenau, y de colaborar en el asesinato deliberado de al menos 300 mil judíos procedentes de Hungría entre el 16 de mayo de 1944 y el 11 de julio de 1944. Antes de dejar al grupo en Auschwitz, me preguntaron cómo sería capaz de enfrentarme a este perpetrador 71 años después de mi llegada a Birkenau. Para responder a esta interrogante tuve que hacer una profunda introspección.

Antes del juicio intenté visualizar al acusado allá en 1944, con su uniforme de las ss y el emblema de la calavera en su gorra *Totenkopf*. Sabía que ahora luciría viejo, tal vez un anciano como cualquier otro. Me pregunté cómo me sentiría cuando lo viera por primera vez. Estaba nervioso y era consciente de la ironía de mi situación: venía de una visita educativa a Auschwitz-Birkenau a un tribunal alemán con jueces alemanes custodiados por la policía alemana. Sentí que los fantasmas del pasado volvían a estar conmigo.

En Alemania me recibieron abogados y otros testigos que repasaron el proceso judicial, y me sentí más tranquilo. A la mañana siguiente un autobús nos recogió y nos llevó al tribunal, donde se había congregado una multitud. Había mucha policía y prensa de toda Europa. Para entrar en el tribunal, la policía nos registró y metieron nuestras carteras, monederos, botellas de agua y cualquier otro objeto en casilleros con llave. Tuvimos que mostrar nuestros pasaportes y tacharon nuestros nombres de una lista de personas con acceso a la sala. Había periodistas dentro, junto con un centenar de miembros del público. Se les indicó que se sentaran en el centro de la sala. Cinco jueces se sentaron en una tarima elevada, mientras que los cuatro abogados de los codemandantes se sentaron abajo y a la derecha. Nosotros, los testigos, nos sentamos detrás de nuestros abogados. Y a la izquierda de los jueces se sentó el acusado, Oskar Groening, con sus dos abogados. Todos llevaban auriculares con traducción simultánea en alemán, inglés y húngaro.

Ayudado por sus dos abogados, el acusado entró por una puerta lateral auxiliándose de una andadera. No podía apartar la vista de aquel hombre. Llevaba un suéter color beige y una camisa blanca abierta con pantalones oscuros. Su rostro era cetrino, su postura encorvada; tenía a la vez un aspecto enfermizo y uno común y corriente. En cuanto entraron los jueces, el juez principal, Franz Kompisch, ordenó un momento de silencio y luego nos permitió sentarnos a todos. Uno de los otros jueces expuso el caso y explicó las normas procesales.

En 1944, cuando llegué con los transportes húngaros, nunca habría imaginado que me enfrentaría en un tribunal con un guardia de las SS. Groening fue acusado de ser cómplice del genocidio en Auschwitz. En su defensa alegó que, aunque era moralmente culpable, no era culpable de ningún crimen real. Cuando le preguntaron si había estado en las Juventudes Hitlerianas, respondió que sí. Cuando le preguntaron por qué se alistó más tarde en las SS, dijo que el Führer había calificado a los judíos de amenaza para Alemania y que se sintió obligado a ayudar a la patria. También mencionó que portar el uniforme de las SS le daba prestigio y estatura. Explicó que, tras su entrenamiento en las SS, fue destinado al campo de Auschwitz-Birkenau. Le llamaban "el contador" y estaba a cargo de reunir todos los objetos de valor, como dinero, joyas y coronas de oro arrancadas de la boca de los judíos húngaros gaseados. Reunía los objetos de las víctimas y los llevaba en una maleta de metal hasta un banco de Berlín, dos o a veces tres veces por semana. Cuando le preguntaron si alguna vez recibió alguna boleta por estos objetos de valor, dijo que no. Cuando le preguntaron si alguna vez sacó dinero para su uso personal, respondió que no. Los fiscales le preguntaron si recordaba haber dado una entrevista para la BBC unos años antes, durante la cual declaró que, de hecho, había retirado algunos fondos para comprar una pistola en el mercado negro. Cuando se lo recordaron, respondió: "¡Ah! Se me había olvidado".

EPÍLOGO

Un vagón de ganado en Auschwitz II-Birkenau.

Cuando se le pidió que describiera su día típico de trabajo en 1944, dijo: "Fue un periodo de mucho trabajo, en el que los judíos húngaros llegaban sin parar las 24 horas del día". En una ocasión, cubrió un turno de 24 horas en la rampa. Había tres transportes esperando para bajar a los prisioneros y todo tenía que hacerse de forma rápida y ordenada. Después de que desembarcara el primer transporte y se seleccionara a la gente, la mayoría fue enviada a las cámaras de gas porque en aquel momento no había necesidad de mano de obra esclava. Describió cómo los Kapos y otros reclusos sacaban el equipaje de los vagones de ganado y lo apilaban en la plataforma para cargarlo en camiones y llevarlo a los barracones conocidos como Kanada. Luego limpiaban toda la suciedad y excrementos de los vagones de ganado y partían para llevar a más gente de Hungría. Groening declaró que estaba en el andén para asegurarse de que los Kapos, a los que llamaba "sinvergüenzas", no robaran nada. En un testimonio estremecedor, declaró que él y su compañero oyeron llantos en uno de los montones de pertenencias. Cuando se acercaron, su compañero descubrió a un bebé bajo una manta. Lo tomó por los tobillos y le golpeó la cabeza contra el revestimiento metálico del camión de carga. El "llanto cesó". Tras este incidente, Groening pidió que lo trasladaran de inmediato, pero se lo denegaron. Oírlo hablar de este crimen me enfureció porque lo describió con mucha frialdad. Cuando el fiscal le preguntó si un judío tenía alguna posibilidad de salir vivo de Auschwitz-Birkenau, respondió en un tono alto y firme: "En absoluto".

El tercer día del juicio, el 23 de abril de 2015, me pidieron que testificara sobre mi encarcelamiento en Auschwitz I y otros campos. Conté al tribunal que toda mi familia había muerto durante la guerra: mi familia materna en 1942, en Majdanek, y mi familia paterna en 1944, en Birkenau. Concluí, dirigiéndome a Oskar Groening: "Tú, que llevabas el uniforme de las SS con la calavera en la gorra y que hiciste un juramento de sangre a Hitler, pensabas que medías tres metros y medio y podías simplemente aplastarnos. Ahora, a los 93 años, ¿no puedes hacer lo correcto y decir lo que hay que decir, la simple verdad: que fuiste parte de los crímenes cometidos?".

Después de mi testimonio me sentí exhausto, pero me satisfizo ser parte del registro oficial. Sobre todo porque, después de 71 años, un perpetrador podía ser juzgado por su participación en crímenes de esta magnitud. La prensa y los equipos de televisión de Europa estaban presentes para grabar los procedimientos judiciales y difundirlos para que todos los vieran. Groening creía de todo corazón en la propaganda de la ideología supremacista nazi y, aunque fue declarado culpable y condenado a cuatro años de prisión, sostuvo que él simplemente cumplía órdenes y no era culpable de ningún crimen. Como declaró el presidente del Tribunal Supremo, Franz Kompisch, cualquier hombre u oficial de las SS que participara en las operaciones de Auschwitz debería ser considerado cómplice de asesinato. Tras escuchar a Oskar Groening y observar su comportamiento en el juicio, experimenté una gran preocupación por la humanidad en caso de que una ideología supremacista vuelva a arraigar. Será una amenaza para nuestro modo de vida y nuestra libertad.

El 8 de mayo de 2015 el mundo conmemoró el septuagésimo aniversario del Día de la Victoria en Europa, el triunfo de los Aliados sobre el nazismo y el fascismo. Pensé que el mundo habría aprendido las lecciones del pasado y que los restos de los campos de exterminio y las fosas comunes serían un recordatorio constante. Sin embargo, con el aumento del antisemitismo, tan abiertamente expresado en la Europa contemporánea, muchos judíos se sienten nuevamente amenazados.

En mis presentaciones hablo de las lecciones que cada individuo debe interiorizar y de la necesidad estar vigilantes para evitar que el odio perturbe, distorsione y ponga en peligro nuestras sociedades. Todos debemos estar alerta ante los peligros del odio,

Mirando el Libro de los Nombres, que contiene los de cientos de miles de víctimas de Auschwitz I, entre los cuales están los de mi familia y los de muchos otros desaparecidos.

alzar la voz contra la discriminación y defender la equidad y la apertura de una sociedad libre y democrática con normas jurídicas que la sustenten.

Cada vez que visito uno de los muchos monumentos conmemorativos del Holocausto, tengo la sensación de que para un gran número de personas es muy difícil comprender la enormidad de la tragedia. Alguien que soportó y asumió personalmente este horror fue el Papa Juan XXIII. Pocas semanas antes de su muerte, escribió la siguiente oración penitencial, profundamente conmovedora:

> Hoy somos conscientes de que muchos, muchos siglos de ceguera han cubierto nuestros ojos, y ya no podemos ver la belleza de Tu pueblo elegido, ni reconocer en sus rostros los rasgos de nuestros hermanos privilegiados.
>
> Nos damos cuenta de que la marca de Caín está sobre nuestras frentes. A lo largo de los siglos, nuestro hermano Abel ha yacido en la sangre que nosotros derramamos, o ha derramado lágrimas que nosotros causamos al olvidar Tu amor.
>
> Perdónanos por la maldición que hemos atribuido falsamente a su nombre de judíos.
>
> Perdónanos por crucificarte por segunda vez en su carne. Porque, Señor, no sabíamos lo que hacíamos.

EPÍLOGO 233

La entrada a Auschwitz I y su puerta de metal, en donde puede leerse *Arbeit macht frei* ("El trabajo te hará libre").

PALABRAS FINALES

Tibor "Max" Eisen y su familia fueron deportados a Auschwitz-Birkenau en la primavera de 1944, durante la fase final del Holocausto, que se centró en cerca de 800 mil judíos que vivían dentro de las fronteras de Hungría en tiempos de guerra. Eran la última comunidad judía importante que quedaba viva en la Europa ocupada.[1]

Aunque Hungría era aliada de la Alemania nazi y había introducido sus propias leyes antisemitas en 1938,[2] los líderes del país se habían resistido a las órdenes nazis de deportar a su población judía a los campos de exterminio de Polonia. En marzo de 1942, entre el 75 y el 80 por ciento de las víctimas finales del Holocausto seguían vivas, pero "apenas 11 meses después, a mediados de febrero de 1943, los porcentajes eran exactamente los contrarios".[3]

---

[1] Véanse Debórah Dwork y Robert Jan van Pelt, *Auschwitz: 1270 to the Present*, W. W. Norton & Company, Nueva York, 1996, p. 337; y Randolph L. Braham, "Foreword", en Zoltán Vági, László Csősz y Gábor Kádár, *The Holocaust in Hungary: Evolution of a Genocide*, AltaMira Press, Lanham MD, 2013, p. xvii.

[2] Lucy S. Dawidowicz, *The War Against the Jews, 1933-1945*, Bantam Books, Nueva York, 1975, p. 381. Para más información sobre la cobertura mediática canadiense de las leyes antisemitas húngaras, véase Amanda Grzyb, "From Kristallnacht to the MS St: Louis Tragedy: Canadian Press Coverage of Nazi Persecution of the Jews and the Jewish Refugee Crisis, September 1938 to August 1939", L. Ruth Klein (ed.), *Nazi Germany: Canadian Responses*, McGill-Queen's University Press, Montreal y Kingston, 2012, pp. 86-90.

[3] Christopher R. Browning, *Ordinary Men: Reserve Police Battalion 101 and the Final Solution in Poland*, HarperCollins, Nueva York, 1992.

Entre las víctimas de esta "breve e intensa oleada de asesinatos en masa"[4] hubo tres millones de judíos polacos, muchos de los cuales perecieron en los tres campos de exterminio de la Operación Reinhard (Treblinka, Sobibór y Belzec) entre octubre de 1941 y noviembre de 1943.[5] Los nazis y sus colaboradores también deportaron a judíos de Francia, Holanda, Bélgica, Noruega (del Reich alemán), Luxemburgo, Rumania, Bulgaria, Macedonia, Eslovaquia, Croacia, Italia, Grecia y Serbia.

Antes de su llegada a uno de los seis campos de exterminio, muchos judíos europeos soportaron condiciones horribles en guetos, campos de trabajo y campos de tránsito, donde la muerte por inanición y enfermedad era cosa de todos los días. En el Frente Oriental, los Einsatzgruppen (unidades móviles de matanza nazis) masacraron a más de un millón de judíos, sobre todo mediante operaciones de fusilamiento masivo en las ciudades y villas ocupadas por los nazis en Polonia, Estonia, Letonia, Lituania, Bielorrusia, Ucrania y otros territorios soviéticos.

Los judíos llevaban viviendo en Hungría más de mil 900 años, y algunos indicios de su presencia se remontan al Imperio romano. Como todos los demás países europeos, Hungría tenía una larga historia de antisemitismo, que incluyó casos de exilio y pogromos violentos, acusaciones de "libelo de sangre" y órdenes de llevar insignias identificativas.[6] También hubo periodos de relativa tolerancia: el Parlamento húngaro emancipó a los judíos como individuos en 1867 y reconoció oficialmente la religión en 1895, otorgando a esta comunidad plenos derechos civiles.[7] Al mismo tiempo, sin embargo, "emergió una nueva forma de antisemitismo político, que integraba frustraciones anticapitalistas, odio xenófobo y antijudaísmo religioso arraigado en antiguas supersticiones".[8]

---

[4] *Ibid.*
[5] Martin Gilbert, *The Routledge Atlas of the Holocaust*, 3a ed., Routledge, Londres, 2002, p. 90.
[6] Véase "Introduction: The Historical Framework", en Andrew Handler (trad. y ed.), *The Holocaust in Hungary: An Anthology of Jewish Response*, University of Alabama Press, Tuscaloosa, 1982.
[7] *Ibid.*, p. 4.
[8] Vági, Csősz y Kádár, *op. cit.*, p. xxxv.

En mayo de 1938 el gobierno húngaro empezó a promulgar leyes antisemitas —similares a las Leyes de Núremberg de 1935 de la Alemania nazi— que restringieron severamente la participación judía en la vida pública húngara. La familia de Max cayó bajo la jurisdicción de estas leyes en la primavera de 1939, después de los Acuerdos de Múnich (fechado el 29 de septiembre de 1938), que iniciaron la partición de Checoslovaquia, comenzando con la anexión nazi de los Sudetes. El pueblo de Max, Moldava nad Bodvou, en el sur de Checoslovaquia, fue anexado a Hungría, lo que, como Max lamenta, lo separó de sus parientes maternos, cuya granja permaneció en territorio eslovaco. Aunque el antisemitismo era importante tanto en Eslovaquia como en Hungría, es probable que vivir en el lado húngaro de estas nuevas fronteras haya contribuido a la supervivencia de Max. Con la firma del Pacto Tripartito —entre Alemania, Italia y Japón— en noviembre de 1940, Eslovaquia se unió al Eje y comenzó a participar en la Solución Final. Ya en marzo de 1942, gendarmes, soldados y miembros de la Guardia Hlinka eslovacos entregaron judíos a los nazis con mucho entusiasmo. Los miembros de la familia materna de Max estaban entre los enviados a Majdanek, que funcionaba como campo de concentración, campo de exterminio y centro de clasificación de las pertenencias confiscadas a las víctimas de Treblinka, Sobibór y Bełżec. Todos ellos perecieron ahí.

En los dos años que precedieron a las deportaciones húngaras hacia Auschwitz, el primer ministro Miklós Kállay y el regente Miklós Horthy habían resistido con éxito la Solución Final de Hitler y habían suavizado las leyes antisemitas, que ya no se aplicaban de forma rigurosa.[9] También enjuiciaron a varios oficiales militares húngaros por las masacres de judíos y serbios en la redada de Novi Sad de enero de 1942.[10] A principios de 1944 los Aliados lograban avances militares significativos en contra del

---
[9] Gilbert, op. cit., p. 184.
[10] Braham, op. cit., p. xvii.

Eje, por lo que su victoria parecía inevitable. Sabiendo que el final de la guerra era inminente, Kállay y Horthy iniciaron una serie de negociaciones "secretas" de armisticio con los Aliados, cosa de la que los funcionarios nazis estaban al tanto. En respuesta, los nazis ocuparon Hungría el 19 de marzo de 1944 y planearon de inmediato la deportación de los judíos húngaros a los campos de exterminio de la Polonia ocupada. Obligaron a Horthy a cambiar de régimen, y el 22 de marzo Döme Sztójay fue nombrado primer ministro con la aprobación de los nazis.

Con Sztójay al mando, el asesinato en masa de los judíos húngaros avanzó con celeridad. De marzo a agosto, el gobierno "introdujo más de cien decretos antijudíos para privarlos de sus derechos, bienes y libertades",[11] todo bajo la atenta mirada del *SS-Obersturmbannführer* Adolf Eichmann, que había llegado a Hungría para supervisar las deportaciones. El 31 de marzo se obligó a todos los judíos a llevar una estrella de David amarilla en la ropa. A continuación se preparó su aislamiento físico en guetos y campos de control. Al igual que muchos judíos húngaros de zonas rurales, Max y su familia no fueron recluidos en guetos, sino que fueron trasladados directamente a un campo de recogida, la fábrica de ladrillos, donde permanecieron solo tres semanas. Este lugar fue uno de los muchos "alojamientos tipo campo fuera de las zonas residenciales: en fábricas, edificios industriales o agrícolas, u otras zonas (minas, bosques)".[12]

Mientras tanto, en Auschwitz-Birkenau, las SS también comenzaron a planificar la llegada de judíos húngaros, lo que marcaría el periodo más letal del campo de exterminio. Filip Müller, miembro del Sonderkommando de Auschwitz —prisioneros judíos obligados a trabajar en las cámaras de gas y los crematorios—, describió la inquietante noticia de que pronto empezarían a llegar trenes procedentes de Hungría: "Hacia finales de abril de

---

[11] Vági, Csősz y Kádár, *op. cit.*, p. 73.
[12] *Ibid.*, p. 83.

1944 aumentaron los rumores sobre el inminente exterminio de los judíos de Hungría. Para nosotros, los prisioneros del Sonderkommando, esta terrible noticia fue un golpe devastador. ¿Teníamos que quedarnos de brazos cruzados una vez más y ver cómo cientos y miles de personas eran eliminadas?"[13] El ss-*Hauptscharführer* Otto Moll, que gestionaba las cámaras de gas y los crematorios de Auschwitz II-Birkenau, obligó a los internos a cavar dos fosas adicionales detrás del Crematorio 5 para estar preparados para un volumen de cadáveres superior al habitual.[14] Los nazis también ampliaron las líneas de tren dentro del campo y construyeron una nueva rampa de descarga para acomodar al gran número de judíos húngaros que esperaban.[15]

Cuando Max, de 15 años, descendió a la rampa de descarga, estaba a punto de cumplir la edad mínima para trabajar como esclavo, una posibilidad de supervivencia que no tenían sus hermanos pequeños ni su hermanita. Cuando narra la separación final de su familia, el lector anhela algún intercambio de despedida entre Max y su madre, pero el caos de la llegada los envolvió y a Max —y al lector— se le negó este momento. Mientras era conducido al Sauna para ser procesado en el campo, sin saberlo vislumbró el destino de su familia cuando creyó ver a gente saltando a las piras crematorias que Otto Moll había preparado semanas antes. Otros sobrevivientes húngaros, entre ellos Alexander Ehrmann, describen un estado de confusión similar:

> Más allá de las alambradas había montones de escombros y ramas, ramas de pino y escombros ardiendo, quemándose lentamente. Íbamos caminando y los centinelas no paraban de gritar "*Lauf! Lauf!*" y oí el llanto de un bebé. El bebé lloraba en algún lugar a lo lejos y yo no podía detenerme a mirar. Nos movíamos

---

[13] Filip Müller, *Eyewitness Auschwitz: Three Years in the Gas Chambers*, Stein and Day, Nueva York, 1979, p. 124.
[14] Dwork y Van Pelt, *op. cit.*, p. 338.
[15] *Ibid.*

y había un terrible hedor. Sabía que las cosas en el fuego se movían, había bebés en el fuego.[16]

Auschwitz no era un único lugar, sino una red de campos en la ciudad polaca de Oświęcim, ocupada por los nazis. Incluía el campo de exterminio de Auschwitz II-Birkenau; los campos de trabajo de Auschwitz I y Auschwitz III-Monowitz; y otros lugares de trabajo y fábricas satélites. En la actualidad, Auschwitz es el símbolo más emblemático del Holocausto, en parte porque en él se produjo el mayor número de víctimas (1.1 millones, en su mayoría judíos), y en parte porque quedó un número relativamente elevado de sobrevivientes (decenas de miles) que pudieron relatar las historias de sufrimiento que ahí se vivieron. En Treblinka, en comparación, casi tantos judíos como romaníes fueron asesinados (hasta 900 mil) y sobrevivieron menos de 80. Bełżec y Chelmno solo tuvieron dos sobrevivientes conocidos cada uno. Incontables testimonios orales y escritos han inscrito Auschwitz en nuestra conciencia colectiva —entre ellos *La noche* de Elie Wiesel, *Supervivencia en Auschwitz* de Primo Levi y *Maus* de Art Spiegelman—, así como numerosas películas.

Max se une a un coro de sobrevivientes de Auschwitz y algunas de sus referencias pueden resultar familiares al lector: el proceso de selección en Birkenau, el pase de lista durante horas, la orquesta de prisioneros en Auschwitz I y el hambre, la humillación y el agotamiento diarios. Su relato de la vida cotidiana en el hospital del bloque 21 ofrece una perspectiva totalmente única de los procedimientos y procesos del campo. Su descripción de las operaciones médicas —tanto oficiales como ilícitas— realizadas en el quirófano nos permite vislumbrar el complejo papel que desempeñaban los médicos prisioneros en la sanación y la resistencia.

Muchos lectores estarán familiarizados con Josef Mengele, el infame médico nazi que realizó selecciones en la rampa de

---

[16] *Ibid.*, pp. 341-342.

descarga y se dedicó a la experimentación médica con prisioneros, en ocasiones para "investigación" seudocientífica y a veces para ensayos clínicos de productos químicos y farmacéuticos.[17] De hecho, la muerte en Auschwitz de cada miembro de la familia inmediata de Max estuvo vinculada, de algún modo, a un médico nazi: su madre, sus hermanos y sus abuelos fueron seleccionados para ser gaseados por un médico nazi en la rampa de descarga de Birkenau, en tanto que su padre y su tío fueron elegidos más tarde para experimentos médicos por médicos en Auschwitz I. Menos lectores saben de los médicos prisioneros que trabajaron de forma oficial y extraoficial en el campo. En *The Nazi Doctors*, el psiquiatra Robert Jay Lifton detalla la difícil situación de estos hombres y mujeres: "Para los médicos prisioneros, seguir siendo sanadores fue profundamente heroico e igualmente paradójico: heroico por combatir la abrumadora corriente asesina de Auschwitz; paradójico por tener que depender de quienes habían abandonado la sanación por la matanza: los médicos nazis".[18]

Gracias al relato de Max, conocemos a uno de estos heroicos médicos prisioneros: el doctor Tadeusz Orzeszko, el preso político polaco que misteriosamente salvó a Max de una muerte segura en la cámara de gas y ayudó al movimiento de resistencia arriesgando su propia vida. El doctor Orzeszko nació en Tashkent —hoy en Uzbekistán, pero entonces parte de Turkestán— en 1907. Estudió Medicina en Varsovia, trabajó como médico general y asistente de obstetricia y ginecología en Radom —también en Polonia— y comenzó sus estudios en cirugía en 1937. Cuando Alemania invadió Polonia el 1 de septiembre de 1939, dando inicio a la Segunda Guerra Mundial, Orzeszko ayudó a los miembros de la resistencia polaca y, finalmente, se unió a la Unión de

---

[17] Véanse Robert Jay Lifton, *The Nazi Doctors: Medical Killing and the Psychology of Genocide*, Basic Books, Nueva York, 1986; y *Przeglad Lekarski: Auschwitz* (XVIII, Serie II), State Medical Publishers, Varsovia, 1962.

[18] Lifton, *op. cit.*, p. 214.

Lucha Armada en 1940.[19] Además de proporcionar asistencia médica ilícita a los partisanos, se dedicó a reunir información y a distribuir medios de comunicación de la resistencia. En abril de 1943 la Gestapo detuvo a Orzeszko, lo torturó durante meses y, en última instancia, lo deportó a Auschwitz. Al igual que Max, primero entró en el bloque 21 como paciente y terminó empleado ahí.[20]

Max fue separado de Orzeszko durante la marcha de la muerte y no supo nada de su destino, pero el médico también llegó vivo a Mauthausen. Aunque Max fue trasladado en seguida a Melk y Ebensee, Orzeszko permaneció en Mauthausen, donde también trabajó como médico del campo, hasta su liberación. Max no volvió a ver al médico antes de su muerte, pero se reunió con los miembros de su familia en Varsovia en marzo de 2010 en una recepción organizada por los Amigos del Centro Simon Wiesenthal, con sede en Toronto. Desde entonces ha mantenido una estrecha amistad con el hijo de Orzeszko, Jan, y recientemente se enteró de que la nieta del doctor Orzeszko, Julia, llamó a su hijo Max en su honor.

Además de los detalles de la sala de cirugía del bloque 21, las memorias de Max también ofrecen una perspectiva única de la "liberación" como un momento agudo de libertad y un largo y arduo proceso de recuperación marcado por la enfermedad, un dolor abrumador y años de desplazamiento e incertidumbre. Resulta sorprendente que Max fuera liberado por el 761º Batallón de Tanques, una unidad segregada de soldados afroamericanos que habían sufrido una violenta opresión racista en su propio país. Algunos solo tenían un par de generaciones libres de la esclavitud. (Hace 20 años Max se reencontró con uno de sus liberadores, el sargento Johnnie Stevens, en la proyección de un documental en Toronto. Stevens era nieto de esclavos y el primer conductor de

---

[19] "Dr. Tadeusz Orzeszko", *Polin*, http://www.sprawiedliwi.org.pl/en/cms/your-stories/1077/.
[20] *Ibid.*

autobús afroamericano del condado de Middlesex, Nueva Jersey.[21] Siguió en estrecho contacto con Max hasta su muerte en 2007.) Sin embargo, la liberación fue solo un paso en el largo viaje de Max hacia una nueva vida de estabilidad en Canadá, un viaje que incluyó una difícil recuperación de la pleuresía, la pérdida de la casa familiar y un periodo de seis meses de encarcelamiento en la Praga comunista por falsificación de documentos de identidad.

Tras décadas de trabajo como orador comprometido e inspirador sobre el Holocausto, Max escribió estas memorias como un regalo para sus lectores y una garantía de que sus recuerdos perdurarán para las generaciones futuras. A pesar de varios intentos fallidos y de las pesadillas que invadían su sueño cuando resurgían recuerdos profundos, Max estaba decidido a plasmar su historia en papel, un acto que habla de su perseverancia y fortaleza. Como muchos sobrevivientes del Holocausto, vivió en parte gracias a la suerte y las circunstancias, en parte gracias a sus relaciones con personas que le ofrecieron un consejo salvador o un gesto amable, y en parte gracias a su propia fuerza personal, que le permitió superar un día imposible tras otro. Trabajar tan estrechamente con Max en la edición de estas memorias es uno de los momentos culminantes de mi carrera académica. De igual manera, aprecio la amistad que hemos desarrollado en los últimos cinco años. Su historia es ahora tuya.

Dra. Amanda Grzyb

---

[21] "Obituario de Johnnie Stevens", *Star-Ledger*, Newark, Nueva Jersey, 16 de julio de 2007, https://obits.nj.com/us/obituaries/starledger/name/johnnie-stevens-obituary?id=13791916.

Agradecimientos

De los casi 60 miembros de mi extensa familia, solo sobrevivimos tres: yo, Lily Friedman Kalish, mi prima hermana por el lado materno, y Chaim (Tibor) Lazarovits, mi primo hermano paterno. Después de la guerra Lily emigró a Estados Unidos y se casó con un veterano estadounidense. Era la viva imagen de mi madre y, cuando me instalé en Canadá, hablábamos por teléfono dos veces por semana. Chaim emigró a Israel en 1947 y se casó con una israelí; nos encontramos anualmente en sus últimos 15 años de vida. Lily falleció el 23 de julio de 2014, a los 89 años, y Chaim el 31 de julio de 2015, a los 85. Eran el único vestigio de mi familia de origen y las únicas personas con las que podía recordar nuestra vida anterior y a nuestros seres queridos; estoy agradecido por el vínculo que compartimos después del Holocausto. Su muerte me afectó mucho y lamento su pérdida todos los días.

Quiero dar las gracias a todas las personas que me ayudaron en mi periodo de recuperación tras mi regreso inicial a Checoslovaquia como sobreviviente de los campos de concentración nazis. Ily Klinka, nuestra amiga de familia y vecina, vio mi angustia y tomó rápidas medidas maternales, lo que me llevó al Hospital Santa Isabel de Košice. Las dedicadas monjas de Santa Isabel me ayudaron a superar varias semanas difíciles de tratamiento contra la pleuresía. Joseph y Malvinka Gottlieb me recibieron en su casa sin dudarlo y me dieron sustento, y ellos, junto con otras seis personas —sus tres hijas (Ilonka, Clari y Shari), su hijo (Itzhak), su primo (Ruty) y su amiga (Magda)—, contribuyeron a crear un ambiente acogedor y un "hogar" para mí. Las maravillosas comidas de Malvinka, que me recordaban la cocina de mi madre y mi abuela, me permitieron ganar peso y recuperar la vitalidad.

Conforme recuperaba mi salud, recibí ayuda del Comité Judío Estadounidense de Distribución Conjunta (JDC, pos sus siglas en inglés), que apoyó una escuela de estudios judíos y servicios vocacionales en Marienbad, Checoslovaquia. Los tres años que pasé ahí renovaron mi espíritu, tanto física como mentalmente. Al término de ese periodo, el rabino Abraham Price, de Toronto, contribuyó de forma decisiva para que pudiera conseguir mi visado para venir a Canadá.

Quiero agradecer el apoyo del Centro de Educación sobre el Holocausto (bajo los auspicios de la Federación Judía de Toronto), que me brindó la oportunidad de hablar a alumnos de escuelas públicas, bachilleratos y universidades, así como a grupos de adultos. De igual manera, quiero reconocer a la Marcha de los Vivos de Canadá, bajo la dirección de Eli Rubenstein y Michael Soberman. Han demostrado un liderazgo y una dedicación excepcionales, además de prestar un importante servicio a la comunidad. Mi reconocimiento también a todos los amigos, profesores, estudiantes y maestros que me han proporcionado una plataforma constante para exponer las lecciones de la Shoah. Espero que la información que he compartido sirva para marcar la diferencia para ellos en el futuro, para la mejora de la humanidad.

Estoy muy agradecido con los Amigos del Centro Simon Wiesenthal que, bajo la dirección de Avi Benlolo y su personal de apoyo, me dieron la oportunidad de hablar como educador de sobrevivientes en muchos de sus programas educativos. El Centro Wiesenthal realiza una importante labor de divulgación en el ámbito público para educar e informar sobre el Holocausto y el genocidio. Fue en una de sus misiones anuales ("Compasión para la acción", en Polonia) donde conocí a Jim Gifford, director editorial de no ficción de HarperCollins, que tanto ha apoyado

AGRADECIMIENTOS

Mi nieta Tzipporah Sarah con mis bisnietos Yehudit (derecha), Elisheva (izquierda) y Michael Aharon.

mi proyecto de memorias. Estoy muy agradecido con Jim por sus consejos editoriales, su amabilidad y su amistad. También estoy en deuda con mi talentosa correctora, Janice Weaver, que revisó el manuscrito con tanto cuidado y profesionalidad, y con mi maravillosa editora de producción, Maria Golikova, quien me ayudó a mantener el proyecto en marcha. El profesor Robert Jan van Pelt tuvo la amabilidad de reunirse conmigo (en Oswiecim, en el verano de 2015) para ayudarme a obtener los permisos para compartir fotografías históricas de Auschwitz.

Me parece que los astros se alinearon en marzo de 2010, cuando conocí a la profesora Amanda Grzyb, de la Facultad de Información y Medios de Comunicación de la Universidad de Ontario Occidental, en la misión inaugural del Centro Simon Wiesenthal a Polonia. Nuestro interés común por la educación sobre el Holocausto sembró las semillas de nuestra relación y ella ha desempeñado un papel vital en la redacción de este libro. Cuando conocí a Amanda, llevaba muchos años dando charlas como educador de sobrevivientes, pero me costaba plasmar mis experiencias en papel. Amanda comprendió mis frustraciones y me ofreció amablemente su ayuda como editora para ayudarme a superar los obstáculos que me impedían escribir. Con su ayuda, encontré mi voz y mi método de autoexpresión, y todo pareció fluir de forma natural a partir de ahí. Sus asistentes de investigación, Amaal Mohamed Bhaloo, Kaitlyn Bida y Jennifer Schmidt, nos ayudaron a transcribir nuestras entrevistas. Amanda es una persona generosa, considerada y solidaria, que se ha dedicado a educar a los demás sobre el Holocausto, el genocidio ruandés y otras injusticias sociales. Estoy orgulloso de contar con su amistad. Le estoy muy agradecido por haber invertido su valioso tiempo en leer y corregir mi manuscrito. Me dio confianza para continuar de forma organizada, con un objetivo claro en mente. Con su aliento, profundicé en el pasado y pude sacar a la luz experiencias terroríficas olvidadas hace tiempo.

Por último, quiero expresar mi más profundo agradecimiento a mi familia. Mis suegros, Rose y Sam Cosman, escucharon mi historia y me ayudaron en mi viaje. Se convirtieron en mis segundos padres, y todos los miembros de su familia —sus hijos (Malcolm y Alvin), y sus tíos, tías, primos y cuñadas— me aceptaron en todos los aspectos. Debo una gratitud eterna a mi amada esposa, Ivy, y a mis hijos Ed —que fue una caja de resonancia durante todo este proceso— y Larry —que diseñó los mapas de este libro— por su amor, apoyo y aliento. Ellos hacen que mi barco navegue sereno y dan estabilidad a mi vida. Siempre están ahí para mí, y siempre puedo contar con su apoyo. Tengo la suerte de tener dos nietas, Amy Tzipporah Sarah y Julie Mina Leah, que me han regalado grandes alegrías. Y ahora viene una cuarta generación, con tres bisnietos hasta ahora: Yehudit, Elisheva y Michael Aharon.

Mi nieta Julie.

Envío este libro para su publicación con la sensación del deber cumplido. Ha sido difícil de escribir, pero me alivia poder compartir mi historia con mi familia y otras personas, que espero que la conozcan mejor. Gracias por leer mis palabras.

ANEXO
Documentos adicionales

ANEXO 253

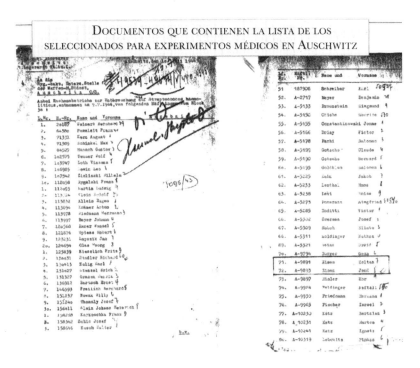

En 1995 descubrí que mi padre y mi tío fueron víctimas de experimentos médicos nazis. El doctor Carson Phillips, del Centro del Holocausto Neuberger de Toronto, encontró documentos que mostraban sus nombres en una lista de selección de julio de 1944 en los archivos de Auschwitz.

DOCUMENTOS QUE CONTIENEN LA LISTA DE LOS
SELECCIONADOS PARA EXPERIMENTOS MÉDICOS EN AUSCHWITZ

El médico SS [SS-Locatiendoctor. "Location": campo]
Auschwitz
Campdoctor KL.Au.I [Campo de Concentración Auschwitz]
Auschwitz, julio 10, 1944

Para
Centro de Exámenes Higiénico-bacteriológicos del Waffen-SS, Sureste
Auschwitz 0/S [tal vez "Oberschiesien": Alta Silesia]

Muestras de frotis faríngeo para examen de *Streptococcus haemoliticus*, tomadas el 9 de julio de 1944, de los siguientes prisioneros del Bloque 5A:

Número consecutivo	Número de prisionero	Nombre y apellido	Resultados
71	A-9891	Eisen Zoltan	
72	A-9893	Eisen Jeno	

ANEXO

Esta carta y la siguiente demuestran el enfoque desapasionado y mecánico de los ingenieros y oficiales de las ss implicados en la logística de los asesinatos en masa.

Traducción

[Arriba a la izquierda: Sello de la secretaría de dirección de Topf, fechada el 6 de diciembre de 1941, con las iniciales de los directores: LT, de Ludwig Topf, y ET, de Ernst-Wolfgang Topf, y la inscripción de respuesta y contestado].

Erfurt, 6 de diciembre de 1941

A los Sres. Ludwig y Ernst Wolfgang Topf

Dentro de la casa

Estimados Sres. Topf,

Como saben, diseñé tanto el horno de cremación de 3 muflas como el de 8 muflas, principalmente en mi tiempo libre, en casa. Estas construcciones de hornos son pioneras en el futuro y me atrevo a esperar que me concedan una bonificación por el trabajo realizado.

Heil Hitler!
Kurt Prüfer

A la orden de LT/ET, 150 RM pagados 24/12/41 [Iniciales]

(Braun), de acuerdo?
A discutir
T

ANEXO

85

LT/ET vorlegen

Erfurt, den 15. November 1942

Herren
Fa. J. A. Topf!
im Hause.

[Stempel: 17 NOV. 1942]

Sehr geehrte Herren Topf!

Nach der Absprache, mit Ihnen die Ende vorigen Jahres stattfand, haben Sie mir für die Neukonstruktion der Dreimuffel-Einäscherungsöfen, eine Entschädigung zugesagt. Diese sollte gezahlt werden, sobald das einwandfreie Ergebnis für die Arbeitsweise der Öfen vorlag.
Vor 12 bezw. 6 Wochen sind die beiden georderten Topf-Dreimuffel-Einäscherungsöfen im Krematorium Buchenwald in Betrieb gekommen. Der erste Ofen hat bereits eine grosse Anzahl Einäscherungen hinter sich, die Arbeitsweise des Ofens und demzufolge die Neukonstruktion hat sich bewährt u. ist einwandfrei. Die Öfen leisten so mehr, als von uns überhaupt vorgesehen war.
Es sind bis jetzt 8 Stk. Dreimuffel-Einäscherungsöfen fertiggestellt bezw. im Bau. Weitere 6 Stk. sind in Arbeit. Ausserhalb bitte ich Sie, die mir versprochene Entschädigung baldigst anweisen zu wollen.
Stets gern zu Ihren Diensten
Ihr ergebener
Kurt Prüfer
Buchleben.
Neue Göringstr. 2

Traducción

[Manuscrito] Subteniente ss (Especialista) Kirschnick!

Copia

29 de enero de 1943

Registro de correspondencia #22250/43/Bi/L
Asunto: Krematorium II. Estado de la construcción
Referencia: ss-WVHA telegrama 2648 del 28/1/43
Adjunto: 1 Informe de Inspección

Jefe de Amstgruppen C
Teniente General de las ss y General
de División de las Waffen ss
Dr Ing (Ingeniero) Kammler

Berlín Lichterfelde West
Unter den Eichen 126-135

El Krematorium II se ha terminado, salvo pequeños detalles, gracias al empleo de todas las fuerzas disponibles, a pesar de las enormes dificultades y del tiempo gélido, utilizando turnos de día y de noche. Los hornos han sido encendidos en presencia de Herr Prüfer, ingeniero jefe de la empresa responsable de su construcción, Topf & Sons, de Erfurt, y funcionan perfectamente. Debido a las heladas, aún no ha sido posible retirar el armazón del techo de la bodega de cadáveres. Sin embargo, esto no tiene ninguna importancia, ya que la bodega de gaseado puede utilizarse para este fin [es decir, como depósito de cadáveres].

ANEXO

Debido al bloqueo de los vagones, los Sres. Topf & Sons no han podido entregar a tiempo las instalaciones de ventilación y extracción de aire exigidas por el Bauleitung. Éstas serán montadas tan pronto como lleguen, por lo que es probable que la instalación esté completamente lista para el servicio el 20 de febrero de 1943.
Se adjunta un informe del ingeniero inspector de Topf & Sons, Erfurt.

>Jefe de la Dirección Central de Construcción
>de las Waffen ss y de la Policía de Auschwitz
>[Firmado] Bischoff
>ss Capitán

Distribución:
1 ss Subtenientes Janisch y Kirschneck
1 Inscripción

Para los archivos
>[Firmado] Pollok
>Subteniente ss (S)

POSTDATA

"Que D-os te bendiga y te proteja. Que Él sea misericordioso contigo. Que vuelva Su rostro hacia ti y te dé paz".

Éstas fueron las palabras que el padre de Max, detrás de las alambradas, dirigió a su hijo antes de separarse. Por desgracia, era plenamente consciente del destino que tan pronto le aguardaba, ya que había sido seleccionado para morir en el campo de Auschwitz. Qué fuerte debe de ser un hombre para despedirse del último miembro vivo de su familia, su amado hijo, con las palabras de bendición que había repetido todos los sábados a sus hijos en su propia y tranquila casa, ante una mesa abundante, en compañía de su esposa y sus padres, su familia feliz.

Un conocido de la familia, guardabosques, les había advertido que los nazis estaban acorralando a los judíos húngaros, pero no pudieron escapar antes de que los detuvieran. Era el sábado de Pascua. Los judíos religiosos, con su atuendo tradicional, su modo de vida tradicional y sus oraciones tradicionales eran los más expuestos al peligro durante ese tiempo. A los judíos asimilados les resultaba más fácil disfrazarse, encontrar refugio, esconderse, si se encontraban por casualidad con personas amorales por el camino.

Aun así, detrás de la alambrada, el padre de Max añadió lo siguiente, que ha acompañado a Max durante toda su vida: "Si sobrevives, debes contarle al mundo lo que ha pasado aquí. Ahora vete".

Éstas eran las palabras que con frecuencia pronunciaban los reclusos de Auschwitz que sabían o sentían que no sobrevivirían. Con estas palabras depositaban todo su destino y la historia de su agonía sobre sus compañeros, familiares y amigos. Con estas palabras querían expresar la esperanza de que alguien, aunque fuera una sola persona, sobreviviera para dar testimonio del trágico destino de las víctimas inocentes del mayor campo de concentración y exterminio de Alemania. *Non omnis moriar* ("No moriré del todo").

Justo después de la guerra, de pronto solo en su ahora hostil tierra natal, Max fue durante mucho tiempo incapaz de hablar de lo que les había ocurrido a sus parientes, sus hermanos y sus padres. "En aquel momento, aún no podía comprender del todo la magnitud de la destrucción de la cultura y el pueblo judíos en la Europa continental, ni podía articular la profundidad de mi trauma ni poner en palabras mis pérdidas".

¿Es cierto que después de tantos años transcurridos es más fácil encontrar las palabras adecuadas para poner en palabras el drama escrito con la sangre de víctimas inocentes? ¿Puede tener algún sentido una crueldad tan grande después de todo este tiempo? ¿Acaso todas esas personas —como los sobrevivientes, a quienes los hombres de las SS y sus colaboradores robaron no solo la infancia, sino también la paz de la vejez— desaparecen, como en una bruma, mientras su sufrimiento sin sentido se convierte en un tema literario bien pulido? Seguramente no. Y es por eso que este libro fue concebido.

En primer lugar, para cumplir la voluntad del padre de Max, sus últimas y sagradas palabras. En segundo lugar, como un testimonio para compartir con el mundo. Y en tercer lugar, para que la gente pueda tomarse muy en serio los hechos que se le presentan desde hace no más de unas décadas, escritos tal y como los vio y experimentó el joven Max.

En cierto sentido, *Solo por azar* no es la historia de una vida individual. Es la historia de millones de personas cuyas historias no pudieron escribirse. Junto con los numerosos relatos de otros sobrevivientes, este libro añade otra perspectiva a la imagen en su conjunto. Pero es solo una imagen, por supuesto.

Max sobrevivió al transporte, la selección, las penurias del trabajo esclavo, la muerte de toda su familia, la evacuación, los traslados a otros campos, la liberación, el aislamiento, la prisión comunista y su huida a Occidente. Sobrevivió porque más de una vez en su camino se encontró con personas que querían ayudarlo: el cirujano polaco, doctor Tadeusz Orzeszko, y otros médicos que lo atendieron en el bloque 21; el prisionero de guerra soviético, Misha, del campo de Melk; Ily, la mujer que reconoció su grave estado de salud; y la bondadosa secretaria de la embajada canadiense en Salzburgo.

Éstas fueron las personas que hicieron realidad las palabras de esperanza del padre de Max: "Que D-os te bendiga y te proteja". Y este libro, escrito tantos años después, cumple el último deseo de su padre: "Contarle al mundo lo que pasó aquí".

Piotr M. A. Cywiński
Director del Museo y Memorial de Auschwitz-Birkenau

NOTA SOBRE EL AUTOR

A principios de la década de 2000, recuerdo estar con Max en la Universidad Queen's durante un fin de semana de conferencia, capacitando a los educadores y acompañantes que viajarían con nosotros a Polonia para la Marcha de los Vivos.

Mientras estábamos en la sala de recepción, un grupo de estudiantes de Queen's pasó por ahí. Notaron que uno de nuestros miembros del personal llevaba un Sefer Torá (el Rollo de la Ley), los antiguos Cinco Libros de Moisés escritos a mano en pergamino, que los judíos han leído públicamente durante miles de años.

Al percatarse de las miradas de curiosidad en los rostros de los estudiantes, Max explicó que durante el Holocausto los nazis quemaron miles de obras sagradas judías, como esa Torá. También recordó a los estudiantes la cita de Heinrich Heine: "Donde queman libros, al final también quemarán personas". Los estudiantes quedaron fascinados durante el discurso improvisado de Max y solo a regañadientes se separaron para regresar a sus actividades escolares.

Fue entonces cuando me di cuenta de que Max era un profesor nato que tenía tanto el deseo como la capacidad de compartir las lecciones del Holocausto con públicos muy diversos de la manera más clara y accesible. Cuando Max habla puedo ver lo difícil que es para él, cómo ve a cada uno de los miembros de su martirizada familia frente a sus ojos. No obstante, durante los últimos 25 años

Max ha recorrido este país y viajado al extranjero para compartir su historia cientos de veces. Tal es su compromiso inquebrantable con la educación sobre el Holocausto.

En su juventud Max sufrió más de lo que nadie puede imaginar, viendo una crueldad infinita, el abandono de toda moral humana y la pérdida de toda su familia. Y, aun así, siguió adelante para construirse una nueva vida. Llegó a Canadá, comenzó un negocio, se casó, tuvo hijos, nietos e incluso bisnietos.

A pesar de la horrenda brutalidad que sufrió durante el Holocausto, cuando Max cuenta su historia siempre expresa su gratitud por las personas que le ayudaron en su camino. Después de todas las amargas experiencias y los trágicos acontecimientos de sus primeros años de vida, él nos recuerda que debemos estar agradecidos por las cosas buenas que nos ofrece la vida, y que siempre se puede empezar de nuevo.

Y si Max puede hacer eso, teniendo en cuenta todo lo que ha pasado, ¿no es una lección para todos nosotros, sin importar las duras experiencias que hayamos vivido?

Max es uno de mis héroes personales, y después de leer su excepcional historia, no solo de tremenda pérdida, sino también de valor y gratitud, estoy casi seguro de que tú también lo considerarás un héroe.

Eli Rubenstein
Director Nacional, Marcha de los Vivos Canadá
Director de Educación, Marcha de los Vivos Internacional

Esta obra se terminó de imprimir
en el mes de mayo de 2025,
en los talleres de Diversidad Gráfica S.A. de C.V.
Ciudad de México